北京市一流专业建设系列成

国家自然基金青年科学基金项目"住房投资行为对居民财富
分配的影响和政策模拟"（71703109）研究成果

中国居民金融市场行为与
财富分配

张琳琬　著

中国金融出版社

责任编辑：肖丽敏
责任校对：潘　洁
责任印制：陈晓川

图书在版编目（CIP）数据

中国居民金融市场行为与财富分配/张琳琬著．—北京：中国金融出版社，2019.10

ISBN 978－7－5220－0323－8

Ⅰ.①中…　Ⅱ.①张…　Ⅲ.①居民—金融市场—市场行为—研究—中国　Ⅳ.①F832.5

中国版本图书馆 CIP 数据核字（2019）第 232519 号

中国居民金融市场行为与财富分配

Zhongguo Jumin Jinrong Shichang Xingwei yu Caifu Fenpei

出版
发行　**中国金融出版社**

社址　北京市丰台区益泽路 2 号
市场开发部　(010)63266347，63805472，63439533（传真）
网 上 书 店　http://www.chinafph.com
　　　　　　(010)63286832，63365686（传真）
读者服务部　(010)66070833，62568380
邮编　100071
经销　新华书店
印刷　北京七彩京通数码快印有限公司
尺寸　169 毫米 ×239 毫米
印张　9
字数　128 千
版次　2019 年 10 月第 1 版
印次　2019 年 10 月第 1 次印刷
定价　38.00 元
ISBN 978－7－5220－0323－8
如出现印装错误本社负责调换　联系电话　(010) 63263947

序　　言

　　波澜壮阔的改革开放改变了中国，也影响了世界。在 40 年改革开放的伟大历程中，金融作为实体经济的血脉，实现了从大一统的计划金融体制到现代金融体系的"凤凰涅槃"。我国也初步建成了与国际先进标准接轨、与我国经济社会实际契合的中国特色社会主义金融发展路径。

　　经过 40 年努力，我们不断改革完善金融服务实体经济的理论体系和实践路径：持续优化完善传统信贷市场，为服务实体企业改革发展持续注入金融活水；建立健全股票、债券等金融工具为代表的资本市场，畅通实体企业直接融资渠道，增强其可持续发展能力；推动低效产能有序退出市场、临时困难但前景良好的企业平稳渡过难关、优质企业科学稳健发展，鼎力支撑我国企业从小到大、从弱到强，逐步从低端加工制造向高附加值迈进。

　　经过 40 年努力，我们基本构建了以人民为中心的居民家庭金融服务模式。不仅借鉴西方现代金融实践，支持家庭部门熨平收入波动，实现跨期消费效用最大化；而且充分利用我国银行业分支机构延伸到乡镇、互联网全面覆盖到村落等良好基础设施，逐步实现基础金融服务不出村，促使我国普惠金融走在了世界前列；同时，积极构建与精准扶贫相配套的金融服务体系，发挥金融在扶贫攻坚中优化资源配置的杠杆作用，为人民实现美好生活提供金融动力。

　　经过 40 年努力，我们探索了从国民经济循环流转大局增强金融和财政合力的有效方式。在改革开放过程中，我们不断优化财政支持与金融服务的配套机制，运用金融工具缓解财政资金使用碎片化问题和解决财政资金跨期配置问题，增进财政政策促进经济结构调整和金融政策促进经济总量优化的协调性，持续提升国民经济宏观调控能力和水平，既避免金融抑制阻碍发展，又防止过度金融风险集聚。

2008 年，美国次贷危机引起的全球金融海啸引发了人们对金融理论和金融实践的深刻反思。金融理论是否滞后于金融实践，缺乏对金融实践有效的指引？金融实践是否已过度复杂化，致使金融风险难以识别、度量和分散？近年来，随着互联网、大数据、人工智能、区块链等技术的出现，科技发展在极大提高金融业服务之效的同时，也对传统金融业带来了冲击。金融业态正在发生重大变化，金融风险出现新的特征。在新的背景下，如何处理金融改革、发展、创新与风险监管的关系，如何守住不发生系统性金融风险的底线，已经成为世界性重大课题。在以习近平同志为核心的党中央坚强领导下，我国进入中国特色社会主义新时代。在这个伟大的时代，对上述方面进行理论创新和实践探索的任务非常艰巨，使命非常光荣。为完成这一伟大历史使命，需要建设好一流金融学科和金融专业，大规模培养高素质金融人才，打造能力素质和知识结构与时代要求相匹配的金融人才队伍。北京正在建设"政治中心、文化中心、国际交往中心、科技创新中心"，加强金融学科建设和金融人才培养正当其时。

欣闻首都经济贸易大学金融学成功入选北京市一流专业，正在组织出版"北京市一流专业建设系列成果"，这在打造高素质金融人才培养基地上迈出了重要步伐，将对我国金融学科和金融专业的建设起到积极的推动作用，为促进我国金融高质量发展并建成现代金融体系作出应有贡献，为实现伟大复兴中国梦提供有益助力。

尚福林

自　序

　　家庭是社会的细胞。作为由密切关联的个体组成的决策单元，家庭的消费、储蓄、投资和继承等行为是经济学重要的观察和研究对象。在我国金融市场迅速发展的大背景下，随着居民人均可支配收入的增长和财富的快速积累，以家庭为单位的住户部门在金融市场上的资产配置行为，无论对于理论研究者、政策制定者还是金融从业者，都变得越来越重要。根据中国家庭金融调查与研究中心的最新数据，2017 年中国家庭户均金融资产（包括存款、股票、债券、基金、信托、保险等）为 31.96 万元，总的资产规模达 140 万亿元。尽管家庭具有强烈的财富增值意愿，但通过调查我们发现，在家庭的金融资产投资组合中，存款仍然占主导地位，2017 年存款在家庭金融资产（不包括住房等流动性较差的非金融资产）中的占比高达 45.8%，其次是社保、股票、借出款和理财产品，时间、资金规模、理财渠道等一直是阻碍家庭参与金融市场进行投资组合合理配置的主要因素。

　　家庭金融就是研究家庭如何使用金融工具来达成自己的目标的金融学分支，得名于美国哈佛大学金融学教授约翰·坎贝尔在 2006 年美国金融学年会上做的主席演讲（Campbell，2006）。不同于传统的微观经济学对个人经济行为的研究，家庭金融不再局限于"消费—储蓄"框架，而是在考虑居民的生命周期、人力资本、融资约束等个体特征的前提下，通过研究家庭投资者具体的跨期资产组合，实现财富的最优增长及效用和福利的最大化。随着我国居民收入和财富的增加，家庭金融活动的规模和频率也大大提高。在这一背

1

景下，运用金融学的理论和实证方法研究居民的资产选择行为和财富的积累分配机制，让人民共享发展成果，为经济平稳转型提供良好的支持，是学界的目标和责任。

财富分配是关系民生的重要问题，财产性收入是导致居民间财富分化的重要原因。当前我国经济受到国内外环境的制约，面临着产品出口市场萎缩、城乡发展不平衡等问题的挑战，经济进入结构调整的关键阶段。在经济发展的新常态下，经济增长动力来自扩大内需，这就对平衡国民财富分配格局提出了要求。根据国家统计局的数据，我国居民收入的基尼系数自2003年以来全部高于国际警戒线0.40，2016年城乡居民人均收入倍差达到2.72。如果家庭的金融市场行为对财富分布存在影响，那么我们有理由相信，通过降低金融资产的投资门槛、增加对居民金融知识教育的投入、拓宽以资本市场工具为核心的财富增值渠道，都可以从金融角度改善居民财富差距过大的局面，让人民共享社会进步成果，对稳增长、增后劲、促就业、惠民生具有重要作用。

以往受到微观数据的可得性和建模的难度的限制，尽管对家庭金融行为的重要性已经有了一定认识和研究，但对家庭金融规律的研究较在方法和规模上远未成熟，距离解决现实问题也还有一定差距。本书利用微观调查数据，以中国居民家庭的金融市场参与行为与财富分配为研究对象，系统梳理影响居民家庭金融市场参与的因素，定量分析居民市场参与行为和财富分布之间的动态作用关系，在充实金融理论的同时，试图为政府和实务部门提供有针对性的政策建议，为收入分配制度改革提供理论支持，对维护社会和谐稳定和新常态下经济平稳转型有重要的学术价值，对处于金融市场发展和制度改革、增加居民财产性收入关键阶段的我国具有重要的理论和现实意义。

全书共分七个章节，各章内容安排如下：第1章梳理了研究背景，基于家庭微观调查数据对中国居民的金融市场参与行为和家庭财富分布状态和特点进行了初步的描述分析，提出研究的主要问题。通过分析，概括了我国居民在金融市场上的有限参与现象和财富分布的不平等特征，为后文对这些现象进行研究做出铺垫。第 2 章对国内外相关文献进行了系统梳理。首先从居民家庭在金融市场的有限参与行为入手，较为全面地总结了以往文献里对有限参与现象的描述，及对成因和影响的分析。其次，总结了家庭财富分布方面的研究成果，包括财富不平等状况、分布成因和影响。最后重点阐述了对家庭金融行为和财富分布之间的动态作用的研究成果。通过对文献的回顾，进一步明确需要研究的问题和研究的理论及政策意义。第 3 章探究了居民金融市场行为受财富影响的内在驱动因素，即财富与风险态度之间的关系。通过计算 Arrow – Pratt 绝对和相对风险厌恶指标，实证分析居民风险态度与财富之间的关系，并研究了其作用渠道。第 4 章研究了家庭财富与收入结构，特别是财产性收入受财富的影响。对家庭收入结构的研究主要关注财产性收入的水平和占比，这一指标体现了家庭对资本市场的利用程度，也为下一部分做好铺垫。第 5 章采用夏普率作为度量投资组合优化程度的标准，考察我国居民家庭投资组合的有效性及其影响因素。第 6 章重点分析了家庭资产组合投资行为的特点和效果受到财富的影响，这种现象结合较高的资本收益率是造成家庭财富不平等程度加深的重要原因之一，并通过对中国居民微观调查数据的分析验证了这一观点。第 7 章对全书的研究内容和结论进行了总结，讨论了研究的政策意义，并试论了未来的研究方向和重点。

通过对中国居民家庭微观调查数据的实证分析，本书的主要结论可以概括为以下四点：第一，研究表明居民的绝对风险厌恶系数是财富的减函数，相对风险厌恶系数是财富的增函数，从而拒绝了常用于经济学模型假设的常绝对风险厌恶和常相对风险厌恶偏好。随着财富的上升，居民会增加配置风险资产，尽管风险资产占总资产的比例可能有所下降。进一步地，我们发现财富对风险态度的影响在控制背景风险因素之后不再显著，即背景风险可能是财富对风险态度的作用渠道之一。第二，财富较高的家庭拥有的狭义和广义财产性收入都显著高于财富较低的家庭，并且这种正向影响对财产性收入较高的家庭更大。这一结论表明财富较高的家庭更能够从资本市场上获利，这可能是财富分布日益集中的原因之一。第三，财富和收入水平高的家庭投

3

资组合更为有效；房产对家庭其他流动性风险资产的投资产生挤出效应，但持有房产的家庭能够配置更有效的投资组合。第四，研究表明高财富家庭资产组合更为复杂，更倾向于持有高收益的风险性金融资产、房产和自有生产性投资；家庭投资组合的收益随着财富的增加而上升，高财富家庭在资本市场上获得相对更多的收入，而低财富家庭则相对亏损，低财富净值的家庭通过他们的投资行为"补贴"高财富净值家庭。其结果是财富不平等的加剧和较低的社会流动性。对资本性收入征税可以缓解这种财富不平等的形成。

综上所述，本书主要关注家庭的金融市场参与行为对投资者财富的动态积累及财富分布动态的作用机制及效果。对这一问题的研究将带来基本理论与方法的突破，对我国投资者优化投资组合管理、提高财产性收入具有一定的指导功用；同时，希望政府部门采取有效政策措施，推动我国居民增加财富收入，缩小居民贫富差距，实现共同富裕目标，作出应有的贡献。当然，笔者研究资历尚浅，学术水平有限，如有任何纰漏之处，欢迎各位读者批评指正。

张琳琬

2019 年 4 月 28 日于北京

目　录

第1章　导论 ……………………………………………………………… 1

1.1　经济增长背景下的财富分配问题 …………………………… 1

1.2　我国居民金融市场行为的主要特征 ………………………… 2

1.3　我国居民的财富分配情况 …………………………………… 5

1.4　本章小结 ……………………………………………………… 7

第2章　相关研究文献回顾 …………………………………………… 8

2.1　居民的有限参与行为研究 …………………………………… 8

2.2　财富分配研究 ………………………………………………… 18

2.3　有限参与行为和财富分配之间的动态相互作用 ………… 24

2.4　本章小结 ……………………………………………………… 27

第3章　财富效应的内因：财富与风险态度 ……………………… 29

3.1　居民财富与风险态度 ………………………………………… 29

3.2　风险厌恶程度的度量和描述性统计 ………………………… 32

3.3　实证分析 ……………………………………………………… 37

3.4　本章小结 ……………………………………………………… 45

第4章　财富分布与家庭收入结构 ………………………………… 46

4.1　文献回顾 ……………………………………………………… 47

4.2　家庭财富对财产性收入占比的影响：实证分析 ………… 49

　4.3　本章小结 ……………………………………………………… 57

第 5 章　居民家庭投资组合有效性：基于夏普率的研究 ………… 59
　5.1　居民家庭投资组合的有效性 ………………………………… 59
　5.2　文献回顾 ……………………………………………………… 61
　5.3　数据来源和检验方法 ………………………………………… 63
　5.4　实证分析 ……………………………………………………… 67
　5.5　稳健性检验 …………………………………………………… 76
　5.6　本章小结 ……………………………………………………… 78

第 6 章　家庭投资组合，资产收益与财富不平等 ………………… 80
　6.1　引言 …………………………………………………………… 80
　6.2　文献综述 ……………………………………………………… 83
　6.3　理论模型 ……………………………………………………… 86
　6.4　实证分析 ……………………………………………………… 89
　6.5　资产收益与财富不平等 ……………………………………… 103
　6.6　稳健性检验 …………………………………………………… 109
　6.7　本章小结 ……………………………………………………… 115

第 7 章　研究结论、建议与展望 ………………………………… 117

参考文献 ………………………………………………………… 120

第1章 导 论

1.1 经济增长背景下的财富分配问题

随着改革开放进程的进一步深化，我国经济保持平稳较快发展，社会和谐稳定，在这一过程中有效化解了各种风险和挑战。2013 年，我国人均GDP 突破 7000 美元，已经进入中等收入国家行列；2015 年，中共十八届五中全会提出了全面建成小康社会的"十三五"规划的核心目标。在国家快速繁荣的大背景下，中国居民的可支配收入和个人财富也正经历着一个高速增长的过程。一方面，全国城镇居民人均可支配收入从 1978 年的 343 元增加到 2017 年的 36396 元，年均增长 12.7%，农村人均可支配收入从 1978 年的134 元增加到 2017 年的 13432 元，年均增长 12.4%；另一方面，1984 年我国城市居民金融资产户均仅 0.13 万元；到 2017 年，中国居民家庭仅银行储蓄总量就超过 65 万亿元。与此同时不容忽视的是，伴随而来的城乡区域发展、居民收入分配差距和家庭财富分布的迅速分化，财富分布不均成为当前社会的突出问题。以收入分布为例，国家统计局数据全国居民收入分配的基尼系数自 2003 年至今全部高于国际警戒线 0.40，其中 2008 年达到创纪录高点的 0.491。

事实上，改革开放以来，在金融市场迅速发展的同时，有两个事实需要引起我们的重视。第一，我国居民家庭的资产组合仍呈现出以储蓄为主、风

1

险资产占比低的特征，很多居民没有享受资本市场发展带来的好处，财产性收入比例低；第二，城乡区域发展差距和居民收入分配差距较大、居民财富差距日益拉大的问题逐步凸显，中国的金融发展非但没有缩小城乡居民收入差距，反而拉大了这种差距。

家庭金融近年来受到广泛的关注。这一领域以居民如何通过金融市场来达成自己的目标为研究内容，不再局限于传统的微观经济学的"消费—储蓄"框架，而是在考虑居民的生命周期、人力资本、融资约束等个体特征的前提下，通过研究家庭投资者具体的跨期资产组合，实现财富的最优增长及效用和福利的最大化。随着我国居民收入和财富不断增加，家庭金融活动的规模和频率也大大提高。在这一背景下，运用金融学的理论和实证方法研究居民的资产选择行为和财富的积累分配机制，让人民共享发展成果，为经济平稳转型提供良好的支持，是学界的目标和责任。以往受到建模的难度和微观数据的可得性的限制，尽管对家庭的金融行为的认识和研究有重要意义，但对家庭金融规律的研究较在方法和规模上远未成熟，距离解决现实问题也还有一定差距。

本书旨在以中国居民家庭的金融市场参与行为及财富分配为研究对象。古语云"不患寡而患不均"，虽然群体间财富水平的差异能够在一定程度激励人们的创新活动，但合理的财富平等程度、公正的财富分配和再分配制度与整个社会的福利和稳定紧紧相关，有利于从全局层面上提高劳动者的积极性，在长期内保持经济的平稳较快发展。本书系统梳理影响居民家庭金融市场参与的经济、人口和社会因素，定量分析居民金融行为和财富分布之间的动态作用关系，在充实金融理论的同时，试图为政府和实务部门提供政策建议，对于金融市场发展和制度改革、增加居民财产性收入具有重要的理论和现实意义。

1.2　我国居民金融市场行为的主要特征

居民的资产（此处指有形资产，与人力资本相对应）主要可以分为实物资产和金融资产两大类，前者包括自住或商业性房地产、耐用品（如汽车）、贵重品（如珠宝、收藏艺术品等）和私有商业，而金融资产则涵盖了一系列金融工具，从现金、存款到风险资产，其收益—风险特征和流动性都有很大不同。

储蓄一直是中国居民最主要的投资组合组成部分，是最具代表性的无风险金融资产。根据 Yang et al.（2013）的研究，我国国民储蓄占国民生产总值的比例从 20 世纪 80 年代的 35%，上升到 90 年代的 41%，并在 21 世纪达到近 50%，而这些储蓄中约一半来自居民家庭。如此高的储蓄率超过同时期的欧美国家，也高于日本、韩国及其他东亚经济体经济高速增长时期的储蓄率。

股票和基金是最常见的风险金融资产形式。自 1990 年我国的两大股票交易所——上海证券交易所和深圳证券交易所成立以来，随着资本市场建设的日益完善和家庭财富的积累，居民对股票市场的了解和参与股票市场的热情逐步提高，特别是 2007 年以来的两次股市高点吸引了很多居民进场投资。基金则凭借专业投资、集中管理的优势成为居民风险资产组合的重要部分。

房地产是居民家庭投资组合中举足轻重的组成部分。新中国成立以来我国的房地产市场经历了两个截然不同的时期，1978 年以前，禁止所有组织和个人进行土地的买卖、租赁和转让，房产作为实物福利提供给职工，房产的价值则由职工工作年限及其家庭的规模等因素决定。20 世纪 80 年代的国企改革带动了房产私有化的进程，而直到 1998 年，政府彻底终止福利分房制度，"商品房"市场由此展开。

两个因素结合起来表征房产越来越成为居民资产组合中重要的一部分。一方面，房产市场的交易数量持续不断地增长，直至 2013 年，根据国家统计局数据，我国的商品房销售量平均每年的增长率为 15%，新建居民住房面积年均增长率为 18%。另一方面，房地产价格在十余年间经历的飞速增长，根据 Fang et al.（2015）的测算，我国的一线城市房地产价格在 2003—2013 年的十年间增长了 15.9%，同时期人均生产总值和可支配收入的增长分别为

9.4%和9.3%，仅为房地产价格增长速度的一半，二、三线城市的房地产价格增速也分别达到了13.2%和10.6%。高企的房地产价格显然对居民家庭造成了较大的金融压力，而如果这些房地产需求由居民的收入及收入预期支撑的话，在我国结构性经济降速的背景下，可能蕴含着系统性风险因素。

通过对微观数据的观察和分析，可以对我国居民的金融市场投资行为和财富分布的特征和变化趋势进行初步的认识。此处使用的数据来自北京奥尔多投资咨询中心的"城镇居民经济状况与心态调查"（The Survey of Household Finances and Attitudes，SHFA）。调查从2005年起在全国代表性城市、以居民家庭为单位展开，先后调查了2005年、2006年、2007年、2009年和2012年的横截面样本，选取北京、天津、上海、河北省保定市、山东省聊城市、山东省济南市、湖北省孝感市、河南省新乡市、四川省德阳市等数十个城市的居民家庭，调查内容包括个人特征（家庭成员的性别、年龄、受教育程度等）、家庭资产组合情况（家庭的金融和非金融资产和不同资产类别所占份额）、负债情况、收入和消费情况以及对风险态度、工作前景、金融素养、幸福感受等众多问题的应答。

图1-1给出了SHFA样本中逐年居民家庭样本对储蓄、风险性金融资产、房地产及自有商业资产的参与率情况。可以看到不同类别的资产参与情况相差悬殊，即几乎所有家庭都会持有无风险的储蓄存款，并且有相对较大的比例参与房产投资，但参与股票和基金等风险性金融资产的比例则仅有20%到40%，"有限参与"的现象明显。基于完美假设的金融市场理论认为所有人都应持有一定比例的风险资产以获取正的期望收益，然而放弃这一机会的家庭显然基于某种原因失去了通过金融市场增值家庭财富的机会。在以下几章我们将会进一步分析在不同特征的人群中这一特点的变化情况以及与财富的关系。

从图1-1我们可以看到，居民的金融市场参与行为特征随着时间的变化是相对稳定的，与发达国家经验不同的是，我国居民的风险金融资产也就是股票投资并没有呈现出稳步上升的趋势，而是与市场收益情况紧密相关，在股票市场相对繁荣的 2006 年和 2007 年参与率较高，在股票市场明显下跌之后的 2009 年参与率较低。趋势最为稳定的是房地产投资，几乎稳定在 80% 以上，也就是说有 4/5 的中国家庭拥有自己的房产，这是一个相当高的比率。

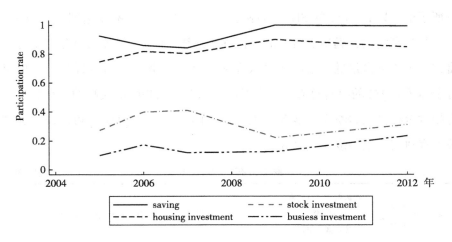

图 1 - 1　居民的金融市场行为的主要特征

1.3　我国居民的财富分配情况

世界范围内由于不平等问题所引发的经济和社会矛盾自 2008 年国际金融危机爆发之后显得尤为突出，财富集中在少数人手中，而大量劳动力收入相对极低，生活水平停滞乃至倒退。关于经济增长的过程中如何分配财富的讨论，有一个常常被引用的比喻，即"做蛋糕和分蛋糕"。这里所说的"做蛋糕"，是指生产的发展、经济总量也就是财富总量的增加；"分蛋糕"，则是指社会财富在居民群体中的分配。蛋糕做大了，该如何分配，让参与做蛋糕的人能够尽可能公平地享有劳动成果，从而有更大的热情投入做更大的蛋糕中，这是经济增长和制度设计中不可忽视的重要问题，也就是效率与公平的问题。

改革开放 40 年来，中国居民收入大幅增长，但分配失衡的问题也日益凸显。2013 年国家统计局首次公布了我国十年来的基尼系数，其中 2013 这一数据为 0.473，即使不考虑各方对于该数据可能低估的质疑，我国居民的财富不平等程度仍处在一个较高的水平。官方并没有提供我国居民家庭财富的分布数据，但通过对 SHFA 样本的分析我们可以对家庭财富分布的不平等程度有所了解。以 2009 年的 SHFA 为例，全体样本的基尼系数达到了 0.465，是一个相当高的值，远高于所谓的"国际警戒线"0.4。另外通过分组统计可以看到，平均财富最低一组的居民家庭尽管有超过全体 10% 的样本数，但仅占有全体不到 1% 的财富总额，与之形成鲜明对比的是财富最高的一组家庭，占有超过全社会 35.8% 的总财富，两者之间的差距超过 40 倍！可以说，我国居民家庭财富的集中度相当之高。

表 1-1　　　　　　　　　　财富分布：SHFA 2009　　　　　　　单位：%

asset basis	基尼系数	组内财富占总财富的份额（按财富分位点）			组内财富占总财富的份额（按财富分组）								
		Bottom 40	Top 20	Top 10	Group 1	Group 2	Group 3	Group 4	Group 5	Group 6	Group 7	Group 8	Group 9
SHFA2009	0.465	12.424	50.296	33.794	0.974	3.018	4.773	6.467	8.182	10.275	13.009	17.426	35.876

在 2010 年第十一届全国人民代表大会第三次会议上，温家宝总理在谈到政府工作时指出，合理的收入分配制度是社会公平正义的重要体现，改革收入分配制度，不仅要通过发展经济，把社会财富这个"蛋糕"做大，也要通过合理的收入分配制度把"蛋糕"分好。从中共十五大的"坚持效率优先，兼顾公平"到十八大"努力实现居民收入增长和经济发展同步、劳动报酬增长和劳动生产率提高同步，提高居民收入在国民收入分配中的比重，提高劳动报酬在初次分配中的比重。初次分配和再分配都要兼顾效率和公平，再分配更加注重公平"，可见政府对于收入分配制度的重视程度逐年加深。公平的收入分配，是社会主义的本质要求，有助于防止两极分化，实现共同富裕；是社会主义分配原则的体现，有利于协调人们之间的经济利益关系，实现经济发展、社会和谐；公平是提高经济效率的保证，只有维护劳动者公平分配的权利，保证劳动者的利益，才能激发劳动者发展生产、提高经济效率的积

极性。

合理的收入分配制度，对于刺激内需，完成经济的转型升级，也有重大的意义。扩大消费、消费升级的前提，是消费者口袋里要有钱，老百姓兜里有了钱，才敢放心消费、大胆消费。这样，经济增长才能不再只是倚重投资和出口，转到依靠内需拉动经济增长的路子上来，从而实现经济发展方式的根本转变。

1.4　本章小结

本章通过对 SHFA 数据的初步统计分析，刻画了我国居民家庭金融市场参与行为和财富分布不平等情况的特征。总体而言，两者有以下几方面的特点：(1) 居民家庭的投资组合相当单一，分散化程度较低，主要由存款储蓄构成，风险性金融资产份额相对较少，股票市场的有限参与现象严重，房产参与率高；(2) 我国居民家庭财富的分布不平等程度较高。

在以上统计分析的基础上，我们提出重点研究的四个问题：

(1) 居民金融市场行为与财富之间关系的内在驱动因素；

(2) 家庭财富与收入结构、特别是财产性收入受财富的影响；

(3) 当前我国居民家庭投资组合的有效性；

(4) 家庭财富受到资产组合投资行为的特点和效果的影响，及对不平等程度和社会流动性的影响。

第 2 章　相关研究文献回顾

尽管居民的金融市场参与行为和财富分布都是关乎个人福利和社会发展的关键问题，也具有十分重要的经济学意义，但目前国内外对这两个问题的研究多集中于各自领域，对其联合研究较少。学界已有文献主要分为以下几类：（1）对居民家庭金融市场的行为特征进行分析，特别是有限参与现象的存在及其原因；（2）财富分布的特征、变化趋势和影响因素；（3）对家庭金融行为和财富分布之间的动态作用的研究成果。

本章按照上述分类形式对已有文献进行梳理，为后文研究奠定基础。

2.1　居民的有限参与行为研究

有限参与（limited participation）是指现实中投资者违背经典投资组合的假设，不持有任何风险资产或只持有部分种类风险资产的现象。居民家庭对于金融市场的有限参与既是现实与理论的典型背离，也是家庭金融领域关注的重要事实。对有限参与现象的研究在金融学中一直占据着重要地位，主要围绕这一现象产生的原因、对资产定价的影响和在居民家庭金融决策中所扮演的角色展开，其中最后一点与本节的主旨密切相关。

对有限参与行为进行研究的意义已经受到足够肯定。Campbell（2006）的研究表明，如果居民家庭不参与市场或者参与市场但没有最优化投资组合，即使不考虑因此导致的资源配置的失衡，这些居民也将因为实际上不能充分利用已有的金融工具达到自己的金融目标，而遭受福利损失；与此同时，这些损失的获利方由于不愿意放弃利益，会阻止金融创新，造成整个社会的福利损失。除去福利层面的考虑，居民对于不同投资组合的选择无疑将影响对资产定价模型中边际投资者的行为的刻画，从而改变金融学家乃至从业者对真实金融市场上定价行为的理解（Curcuru 等，2009；吴卫星等，2006；吴卫星和齐天翔，2007）。最后，政府和实务部门可以通过认识居民市场参与行为，更好地建设金融市场，完善金融服务，为经济发展和社会稳定提供助力。

2.1.1　居民家庭金融市场的有限参与现象

经典投资组合理论认为理性人应持有市场上存在的所有资产，并根据最大化一生期望效用的原则选择消费和投资组合的构成（Markowitz，1952；Samuelson，1969；Merton，1969、1971）。然而许多观察发现，现实中大量的居民家庭并没有参与股票市场或投资其他风险资产。Mankiw 和 Zeldes（1991）发现，1984 年仅有 27.6% 的美国人持有股票，就算是对于拥有流动资产超过 10 万美元的较为富有的居民样本，参与股票市场的比例也仅有 47.7%。Haliassos 和 Bertaut（1995）研究发现，尽管存在较高的股权溢价，但 75% 到 80% 的美国家庭都不直接持有股票，而且这一比例随着时间的推移保持相对稳定。Bertaut（1998）对美国消费者金融调查 SCF 数据的研究发现，1983 年仅有 20% 的美国家庭持有股票，随着共同股票基金市场的发展，这一比例在 1992 年增长到了 28%；许多不持有股票的家庭也几乎不持有其他金融资产，且这一现象不仅仅限于财富水平低的家庭。Calvet 等（2006）的调查发现，截至 2002 年底，只有 62% 的瑞典家庭持有除了银行存款和货币市场基金之外的金融资产，其中直接持有股票和共同基金的分别只有 6%。各国交易所的调查报告更直接地反映了有限参与现象。澳大利亚股票交易所统计显示澳大利亚 2006 年持有股票居民占总人口的比率为 35.11%，被视为亚洲金融中心的中国香港 2005 年仅有 22.98% 的居民持有股票，而作为发展中国家的印度，这一数字更低至 2%。

　　这种家庭投资者参与风险资产市场的程度不同于经典理论的现象，又被称为"参与之谜"。实际上，即使市场上无风险利率极低，而股权溢价非常高[这在金融学界基本可以达成共识，例如 Fama 和 French（2002）认为1950—2000年美国股市的平均股权溢价达到 2.55%]，这种现象也广泛存在。尽管研究发现近年来随着金融市场的发展，居民家庭参与股票市场的比例有所上升，例如，Favilikus（2013）发现美国直接持有股票或基金的人口比例已经从1983年的20.4%上升到2004年的28.2%，且约一半的人口通过退休账户等间接地持有股票，但这一比例仍与经典假设相距甚远。

　　研究还发现就算投资者持有股票，他们的投资组合的分散化程度也与理想的情形相距甚远。首先，大量家庭只持有少数种类的股票，Blume 等（1974）对 SCF 数据的分析发现，现实中投资者平均持有的股票只有2只，这一数字在约三十年后的2001年方增加到3只（Polkovnichenko，2005）。尽管很多家庭通过持有共同基金和退休账户间接地持有分散化较好的资产，但集中地直接持有股票的行为对家庭资产组合风险的影响仍不容忽视（Campbell，2006）。

　　其次，居民不充分分散化风险组合的行为还表现在以下方面：本土偏好（home bias），即投资者偏好本国公司和本区域公司股票而不愿投资外国和跨区域公司的行为（French 和 Poterba，1991；Cooper 和 Kaplanis，1994）；雇主偏好，即投资者更愿意持有自己工作的公司的股票而不是分散化投资其他公司（Mitchell 和 Utkus，2003）；不理性地频繁交易（Odean，1999）；投资行为受利率政策的影响显著（张大勇和田秋生，2005）等。

　　在我国，有限参与的现象比发达国家更为显著。陈志武（2003）指出2002年美国持有股票的人数占总人口的30.11%，而同年中国股票投资者有6884万人，仅占总人口的5.36%。中国社会科学院经济研究所收入分配课题组2002年家庭调查的数据显示，当年我国城市居民的人均金融资产为11958元，其中股票投资仅占10.37%（李涛，2006）。唐寿宁（2006）对城市家庭的调查显示，61.9%的家庭把银行存款作为家庭首选投资方式，相比之下把买股票作为首选的家庭仅有 1.4%。吴卫星和齐天翔（2007）对居民家庭的统计调查中，有 23% 的居民拥有上市公司股票，占居民流动资产的 8.4%，占所有金融资产的 3.5%。西南财经大学中国家庭金融调查与研究中心出具的 2012 年《中国家庭金融调查报告》显示，我国家庭金融资产中，股票资产仅占 15.45%。中国家庭对股票市场的参与率仅 8.84%。显然大部分居民并没有通过参与股票市场获得收入。

2.1.2 导致有限参与的原因

经典金融学理论认为，无论投资者的风险态度如何，只要股权溢价是正的，所有投资者都应该参与股票市场。有限参与现象的存在，必然是由于现实违背了标准假设。关于导致有限参与的原因，以下研究给出了一些线索。

（1）经济因素——参与成本

众多研究把居民对金融市场的有限参与归因于参与成本。根据支付频率，参与成本可以分为一次性的进入成本（one – time entry cost）和持续支付的成本（ongoing cost）。支持进入成本存在的实证证据主要是，居民的财富水平、非资本收入、教育程度以及年龄成为影响居民参与股票的原因。

财富。首先，如果居民需要一定的资金来支付启动成本，那么财富水平低于一定程度的家庭可能将不会参与股市。Vissing – Jorgensen（2002）对美国 PSID 数据的实证分析发现越富有的家庭股票交易越频繁，她将其作为市场存在固定的交易成本的证据。吴卫星和齐天翔（2007）证明中国居民投资的财富效应也非常显著，财富的增加同时提高了居民参与股票市场的概率和深度。得到类似结论的还有 Bertaut 和 Starr – McCluer（2000）、史代敏和宋艳（2005）、Campbell（2006）等。

非资本收入。非资本收入（non – financial income）对参与率的影响也可以作为存在参与成本的证据。Vissing – Jorgensen（2002）发现居民参与股市的概率、持股金额占总资产的比例都随着非资本收入的增加而增加，并随着其波动性的增加而减少。Blume 和 Friend（1975）、Heaton 和 Lucas（2000a）

等也认为非资本收入对于居民的市场参与有正向影响。

教育。教育也是影响股市参与率的重要因素，这是由于更高的教育程度使得投资者能够更容易了解股票的投资信息，从而相对地降低固定成本，促进其参与股市。Bernheim 和 Garrett（2003）发现雇主提供的金融知识教育项目显著提高了雇员投资 401（k）计划的比率，而 401（k）计划可以视为以提供退休金为目的的共同基金。同时，李冬昕等（2011）和刘波等（2004）还强调了不断地、适时地对投资者进行教育对于避免投资者产生"羊群效应"、稳定股市发挥了作用。

年龄。进入成本的存在还隐含正的年龄效应，对此的解释是如果成本是阻碍投资者的原因，那么投资者在某个时点支付了进入成本之后，由于以后不需要再支付其他费用而继续保持在市场之中，从而表现出年龄越大的居民参与市场的概率越高的现象。关于这一点，Poterba 和 Samwick（2003）发现了居民的股市参与程度随着年龄的增长而提高。陈学彬等（2006）采用动态优化模拟方法对居民个人生命周期的消费投资行为进行动态优化模拟，总结了居民个人生命周期消费投资行为的一些基本特征，如重视未来效用的居民个体必须在中年期增加储蓄，以保证其消费模式的资金需求等。

持续支付的成本也得到了实证验证，Vissing - Jorgensen（2002）证明在模型中加入一定的持续参与成本就能够解释有限参与，具体而言当这种成本超过 50 美元，就能引致全部不参与股票市场的美国家庭的半数，若这种成本超过 260 美元，引致的不参与市场人数就可占到全部不参与人数的 75%。

参与成本的另一种分类方法是分为直接成本和间接成本。直接成本指能够在交易过程中量化的成本，例如开户费用、印花税以及中介费用。Brennan（1975）证明存在这样的成本的时候，投资有限种类的资产反而是理性的选择。Favilikus（2013）认为网上经纪商的出现是近十几年来股票市场参与率提高的一个重要原因，这是因为证券的网络交易平台大大降低了投资者的交易费用。

间接成本包括信息成本等，相对直接成本而言较难测算。对于间接成本的研究也不在少数。Mankiw 和 Zeldes（1991）认为信息成本和其他非经济因素是导致有限参与的原因之一，他们发现收入和教育程度较高的家庭持有股票的可能性更大，这是因为高收入的家庭更可能支付这种固定的信息成本，而教育程度高的家庭获取和处理信息的成本较低。Allen 和 Gale（1994）认为导致了市场有限参与的成本主要是信息成本，即潜在的投资者为了做出投资决定，需要动用资源来研究资产的收益率分布以及监督收益变化等而支出的成本。一些学者试图通过用消费和资产价格数据倒算隐含成本。Luttmer（1996）估计这种成本要达到人均消费量的 3% ~ 10%，并认为现实中的成本（包括直接的和间接的）很容易达到并超过这个量，从而成为人们不参与股市的原因。Polkonichenko（2004）认为为了解释现实观测到的大量不参与市场的居民，这种固定成本至少要达到劳动收入的 1%。

然而，参与成本似乎并不能完全解释有限参与现象。理论上，拥有一定水平的财富积累的家庭可以支付参与金融市场所需的成本，因此如果有限参与现象仅源自成本，那么在由富有家庭构成的样本中这一现象不应存在。然而 Bertaut（1998）发现，1992 年持有无风险资产在 6 万 ~ 10 万元的家庭中，有 45% 并不直接持有股票或者共同股票基金，无风险资产超过 10 万元的家庭中 28% 的家庭都不直接持有股票。Campbell（2006）整理 2001 年的 SCF 数据后发现，就算是位于财富分布的较高的 80% 位置的富有家庭，仍有大约 20% 的家庭不参与股市。由于从成本角度对于有限参与的解释并不完全令人满意，一些文献转而从行为金融的角度讨论了其他可能对参与产生影响的因素。

（2）社会因素

社会互动。很多文献讨论并认为居民的股市参与受到其参考群体成员行为的带动并反作用于其他成员，也就是表现为"朋辈效应"（Madrian 和 Shea，2000；Duflo 和 Saez，2002）。这可能是通过两种渠道，一是居民的观察学习和口口相传，例如从其他人口中得知过去股市的优异表现或者了解怎样开户交易。对于信息在居民中的传播，Shiller 和 Pound（1989）给出了调查证据。二是社交频繁的居民可能乐于交换对于股市投资的意见，从而吸引彼此进行投资。Hong 等（2004）利用美国数据对受访者的社会互动情况（例如邻里交流、教会活动等）对其参与股市的影响进行了实证检验，发现社会互动程度越高的居民越可能参与股市。周铭山等（2011）进一步发现在局部支出比例高、收入分布集中度高的区（村），社会互动推动股市参与的作用更显著。李涛（2006）则通过全国调查数据，实证分析了在社会互动过程中具体的三个渠道——获得信息、交流感受、社会规范所起的不同作用，并认为主要是社会规范即投资者希望参考其他社会成员的行为模式这一途径对股市参与起到主要的促进作用。

社会信任水平。居民对股票发行者的信任程度也是影响居民市场参与的因素。信任是面临不确定条件时，投资者对其他合同方是否会完成合同的主观判断（Bossone，1999）。由于参与金融市场是一项蕴含风险的决策，因此居民对上市公司持续经营并盈利的认可度越高、对监管部门的信任程度越高，参与股市的热情自然越高。对此 Guiso 等（2004）利用意大利数据、李涛（2006）利用中国广东省数据对此进行了实证检验。

（3）不确定性和事件风险

不确定性。经典资产定价理论假设投资者能够对资产的未来收益进行准确判断，然而现实中投资者并不能做出准确的估计和预见，这就是不确定性（uncertainty）。Cao 等（2005）则假设投资者面对的不确定性是不相同的，而投资者对于不确定性的态度都是极度不确定性厌恶的，结果发现这种模型不确定性的差异会导致均衡条件下的有限市场参与。

事件风险。与不确定性不同，风险是指投资者能够用概率表述的随机分布。吴卫星和汪勇祥（2004）从理性投资者最优搜寻的角度解释有限参与。经济人总会面对是否参与市场的决策，这一决策依赖于投资者对资产价格分布的判断、投资者的财富水平和资产当前的价格。他们的模型表明，即使交易成本为零，市场也会处于有限参与的状态；而模型中存在的事件风险将使风险厌恶的投资者退出市场，等待不确定性消除后再进入市场。

（4）人口特征

当然，也有一些学者认为居民参与股市的程度与除了财富和教育等之外的其他人口特征（demographic characteristics）有关，例如年龄、种族、性别、认知水平等。例如 Poterba 和 Samwick（2003）指出，男性投资者比女性投资者的股市参与更为积极。Benjamin 等（2006）发现那些年轻时候通过测试证明认知水平较差的人，成年之后参与金融市场和积累资产的比率也较低。以下这些人口特征格外受到文献的重视。

背景风险。背景风险是指无法通过金融资产组合配置分散的风险，主要与居民的非投资活动有关，包括非资本收入、健康以及流动性差的资产等（Mayers，1973；Heaton 和 Lucas，2000b；Baptista，2008；何兴强等，2009）。Guiso 等（1996）用意大利的数据证明了不能保险的收入风险和未来的借款约束将会减少居民资产组合中风险资产的份额。Heaton 和 Lucas（2000b）也从居民的收入风险角度证明了有限参与现象，他们发现，收入水平波动较大的家庭，与同等收入的家庭相比，所持有的股票比例更低。居民的健康状况也是背景风险的一部分，Rosen 和 Wu（2004）、Fan 和 Zhao（2009）等都发现健康状况较差的居民参与股市的概率和深度较低，吴卫星等（2011）对中国数据的分析认为，对于参与股市的投资者，健康状况对其持有风险资产的比例有正面效应。

另外一种类型的背景风险是居民的商业投资和房产。Heaton 和 Lucas（2000a）认为对于一些富有家庭而言，他们拥有的私人企业财产在投资组合中替代了股票这类风险资产。房产在居民投资组合的选择中比较特殊，如吴卫星和齐天翔（2007）指出的，一方面房地产作为投资品，可以对冲股票投资的风险，因此持有房产应该促进居民参与股市；另一方面，房产还具有消费属性，从而占用一部分投资资金，对股票参与产生"替代效应"，他们认为在中国后一种效应是主要的。另外，房产作为少数可以用来抵押的资产，可以帮助居民获得信贷资金继而投放风险市场，这又会增加风险资产的持有，Cardak 和 Wilkins（2009）用澳大利亚的数据对此进行了证明。

生命周期。不难理解位于生命周期不同阶段的居民，由于收入、风险态度以及理财需求等条件的不同会做出不同的投资选择。Guiso 和 Jappelli（2000）对多国的实证分析发现，居民持有风险资产的比例随着年龄的增加呈钟形，也就是年轻人和老人持有风险资产的比例相对较低。Heaton 和 Lucas（2000b）同样发现股票与流动性资产比率随年龄增加而减小。而 Ameriks 和 Zeldes（2004）、吴卫星和齐天翔（2007）、史代敏和宋艳（2005）运用相应数据却没有发现明显的居民投资的生命周期效应。

心理因素。另一个很重要的人口特征即心理因素。心理因素又包括风险态度、心理成本和能力效应。李涛和郭杰（2009）考察了中国居民的风险态度对其股市参与的影响时加入了对居民的社会互动水平的因素，并发现对于社会互动程度较低的居民来说，其风险规避程度对其是否投资股票有着较大的影响。Hong 等（2004）用美国数据、Guiso 等（2008）用意大利数据证明了相同的结论。

有的居民可能是因为认为自己缺乏投资能力而不敢参与股市，他们估计自己参与市场反而会降低福利，Calvet 等（2006）将这解释为较高的心理固定参与成本。能力效应则关注的是投资者的主观感受，它区别于一些文献研究投资者实际的教育程度、金融知识以及认知水平。现实中，由于上文提到的模型不确定性（uncertainty），投资者事先不能准确地判断出资产收益的分布，只能依靠主观概率进行度量。除了造成搜寻成本之外，不确定性还将对人们的感受产生影响。Heath 和 Tversky（1991）发现人们更愿意在自己认为更了解或者能力更强的领域冒险，自我感觉能力较强的人会更偏好于按照主观概率进行赌博，参与具有不确定性的投资机会，他们将这种现象称为能力效应（competence effect），并通过实证检验了这种效应。Graham 等（2005）发现那些更为认可自己理解投资产品能力的投资者交易更为频繁，持有的投资组合也较为分散化。吴卫星和付晓敏（2011）通过理论模型证明了能力效应对投资者股市参与和投资组合构成的影响，即投资者对不确定性的感受差异越大，越可能出现有限参与。而吴卫星等（2012）则用实证数据证明了居民对自己金融素养的自我评价越高，参与股市的可能性就越大。

2.1.3 有限参与的影响

如 Hong 等（2004）所指出的，前人对有限参与现象的研究主要致力于解决两个重要的问题，一是有限参与对资产定价特别是股权溢价的影响，二是对于相关经济政策的借鉴意义。首先，资产定价领域著名的股权溢价之谜。Merton（1987）率先提出有限参与将会使得实际的资产定价与假设显著不同，并给予实证检验。Hirshleifer（1988）认为有限参与使得市场不能有效地对冲风险，导致剩余的风险被定价，因此均衡的风险溢价将高于完美条件下的市场。Basak 和 Cuoco（1998）从理论的角度证明越多的投资者被排除在风险资产的市场之外，股权溢价越高。得到类似结论的研究还有 Mehra 和 Prescott（1985）、Fama 和 French（2002）、Brav 等（2002）。Allen 和 Gale（1994）认为有限市场参与是市场资产价格超额波动性的原因之一，而福利比较显示完全参与下的均衡通常是比有限参与均衡帕累托更优的。王磊等（2011）证明了由于个人投资者的不完全理性，他们在负面消息到来时与机构投资者的交易行为存在较大差异，最终可能导致不确定性的正价值。

Mankiw 和 Zeldes（1991）从实证的角度检验了有限市场参与对消费和资产价格产生的影响，他们的出发点是标准的一般均衡资产定价模型不能解释市场上过高的股权溢价。他们发现有近四分之三的美国家庭不持有股票，那么他们不可能满足 CAPM 中关于最优资产配置的一阶条件。他们利用 PSID 家户面板数据进行时间序列分析后发现，参与股票市场的居民的消费波动性更强，跟股票剩余收益的联系也越紧密。根据他们的测算，PSID 全部样本居民的相对风险厌恶（RRA）系数是 100，而持有股票者的这一系数仅有 35；而对于持有股票者决定股权溢价的协方差是全样本消费数据的三倍。Brav 等（2002）从随机折现因子（SDF）的角度研究了同一个问题，他们同样发现，以拥有一定资产的人作为子样本计算出来的 SDF 对现实中的股权溢价解释力更强。Favilukis（2013）则建立了一个代际交叠一般均衡的理论模型，并推出参与成本降低导致的参与率增加将会降低股权溢价。

另外，对有限参与的研究具有其政策含义。如果居民家庭因为市场存在信息收集成本、参与成本等摩擦因素而选择不投资股票，那么政府就有理由收集社保资金，并代替个体居民将这些资金投入股市获取利益（Abel，2001；Campbell 等，1999；吴卫星、齐天翔，2007）。当然，本书主要关注的是有限参与对于居民财富差距的作用，这点将在后文给出详细的论述。

2.2 财富分配研究

研究居民参与和财富分布之间的互动关系必须建立在对居民财富建模的基础上。这里我们研究的财富（wealth）是指居民家庭拥有的所有资产的货币净值（net worth），又称财产、净资产或产权，即家庭总资产与总负债的差值。总资产包括金融资产和非金融资产，前者包括现金、债券、股票、基金及其他金融产品，后者具体指土地、房产、生产性固定资产、耐用消费品等；总负债则主要包括住房和汽车贷款、教育贷款、商业借款以及信用卡债务等。要注意的是财富与收入并不一样，前者是一个存量概念，后者是指单位时间的流量，因此对财富分布和收入分配的研究并不能等同起来。但是如赵人伟等（2005）指出的，两者之间确实存在密切的相互关系。

财富对于居民有重要的意义。除了用于消费，财富还能够提供短期和长期的经济担保、社会声望、政治权利，并且可以被用来创造更多的财富（Domhoff，1970、1990；Henretta 和 Campbell，1978；Oliver 和 Shapiro，1995）。按照马克斯·韦伯的资本主义精神假说，财富不仅能而且本身是一种身份地位的象征，代表着理性人的一种效用形式，财富对居民福祉的影响不言而喻。财富分布不均违背了福利经济学第二定律前提假设，抑制了市场机制作用的发挥，不利于实现帕累托有效配置（Bardhan 等，1999）。同时，居民财富分布对整个宏观经济的稳定具有重要影响，关系到国民经济的持续健康发展和社会的和谐平衡。

随着改革开放进程的深入推进，我国居民的个人财富正经历着一个高速积累和迅速分化的过程。以国家统计局数据为例，2002 年我国居民财产分布的基尼系数为 0.479，2010 年上升到 0.474。因此，财富分布不均是当前社会的突出问题。近年来的财富分布不均有着深刻的社会根源，比如房地产市场化及价格快速上涨、居民理财水平的差异、收入分配差异、遗产和赠予传统等（贾康和孟艳，2011；史代敏和宋艳，2005；赵人伟等，2007）。在进入全面建成小康社会的决定性阶段，研究居民的财富分布和演化途径，找出影响财富分布的因素，其意义显而易见。

财富分布研究一直是学术界关注的重点。经济学家一直试图在一个异质性个体一般均衡的框架下研究社会财富的动态变化与分布，但目前还没有一个模型能够全面分析影响社会财富分布不均的要素，完美拟合社会财富的积累与分布（Cagetti 和 De Nardi，2008）。本部分针对我国金融市场不完备情形，研究我国投资者的财富积累与分布状况，为下一步研究投资者的市场参与和财富分布之间的互动关系奠定基础。

2.2.1　财富分配不平等状况

现有关于财富分布的文献大部分集中在财富分布状况的调查统计，以验证财富分布不平等这一现象的普遍存在。衡量财富分布主要有两种指标，一个是基尼系数，另一个是总人口中最为富裕的百分之几的人占有多少财富。对世界范围内家庭财富的分布状况，Davies 等（2008）进行了研究，他们发现全球财富分布严重不均，30% 的财富集中于北美、欧洲以及富裕的亚太国家；无论从绝对量还是相对量来看，较为贫穷的国家居民家庭财富比重都很低。

相比之下，一国内部的财富分布状况受到更多的关注。Keister 和 Moller（2000）研究发现，美国 1% 的最富人群占社会总财富比重从 1989 年的 37.4% 上升到 1995 年的 38.5%。Scholz 和 Levine（2003）对美国财富不均情况的调查证实了 Keister 和 Moller 的结论，他们同样发现美国的财富集中度非常高，1922—1983 年，1% 的人拥有的社会总财富不低于四分之一。Wolff（2004）对 2001 年美国消费者金融调查（SCF）的数据分析显示基尼系数高达 0.826，且最富有的 1% 的美国家庭占有全国 33.4% 的财富。研究同样发现意大利、德国、加拿大等国家都存在严重的社会财富分布不均现象（Brandolini 等，2004；Sierminska 等，2006）。

我国同样存在居民家庭财富分布不均。根据李实等（2005），改革开放三十年来，随着中国居民的个人财产不断增加，居民间的财产差距也不断拉大，衡量家庭财产不平等程度的泰尔指数从 1995 年的 0.276 上升到 2002 年的 0.538。影响财富分布不平等的因素包括金融性资产和房产分布的不平等，职业水平、受教育程度、党员身份和婚姻状况都有助于居民财产的积累；高财富家庭的资产组合呈现出多元化特征，有利于规避风险，同时其融资能力也较低财富家庭强（梁运文等，2010；陈彦斌，2008）。

我国居民财富分布的一大特点是城乡差距。从 1995 年到 2002 年，居民人均总财产净值实际增加了 1.14 倍，年均实际增长率为 11.5%，其中城镇居民的财产年均增幅高达 19%，而农村居民年均增幅不足 2%，二者的增长率相差近十倍。城镇公有住房私有化扩大了城乡之间的收入差距，农村土地收益的下降，削弱了土地缩小城乡财产差距的作用。

2.2.2 财富分配不平等产生的原因

文献对财富分布不均产生原因的阐释大体可以归纳为三类，即财富继承、储蓄水平不均等和金融资产的收入差异（Smith，2001）。早在 1972 年，Demsetz 就关注到了社会财富分布，认为财产所有权结构与社会财富分布有密切关系（Demsetz，1972）。Menchik（1980）认为子辈继承祖辈财富的顺序会对财富分布产生影响。种族也会对财富分布产生影响，Krivo 和 Kaufman（2004）发现与白人相比，黑人和西班牙人的房产相对较少，加剧了不同种族人群之间的财富差异。居民的社会保障情况也会对财富积累产生影响，Chernozhukov 和 Hansen（2004）认为参与 401（k）计划有助于优化投资者的资产配置，对财富积累有显著的正向效应。从投资者行为角度，户主投资参与度与风险偏好度的提高有利于家庭财富的增加，特别对高收入或者经济发达地区的家庭来说，这一效果更加明显（肖争艳和刘凯，2012）。很多学者对影响我国家庭财富水平的因素做过研究，如李实等（2000）考察了年龄和人力资本对家庭财富积累的影响，Meng（2007）研究了收入和党员身份对财富积累的影响。

Bewley（1977，1983）提出的不完全市场条件下异质性代理人模型，在代表性代理人模型基础上引入个体特征，从而为内生化分析财富分布提供了条件。Bewley 模型可以通过数值模拟的方法刻画居民家庭行为，从而解释现实中的经济问题。由于能够引入借贷约束等经济因素和居民的异质性，利用 Bewley 模型研究财富分布的优势得到了广泛的认可（陈彦斌等，2010）。

自 Bewley 模型为刻画和分析居民的财富分布状况及其产生的原因提供了一个基准框架之后，后续研究在此基础上进行了大量的扩展，这些扩展主要可以分为三类：第一类是 Aiyagari 模型，第二类是生命周期模型，第三类是职业选择模型。首先，Aiyagari（1994）构造了一个加入不能保险的异质性风险下预防性储蓄动机和流动性约束的随机增长模型，通过分析代理人面临异质性冲击时为了平滑消费而进行的剩余资产积累行为，得出不平等的财富分布，然而所得结果与美国现实有一定差距。Krusell 和 Smith（1998）通过加入不可保的异质风险和总体风险，发现更加耐心的消费者将有更强的财产积累动机，校准模拟发现生成的财产分布与现实情况比较吻合。通过加入习惯形成（habit formation），Díaz 等（2003）认为习惯形成会导致预防性储蓄增加，并降低变异系数和财富分布不平等程度。Gruber 和 Martin（2003）则在 Aiyagari 模型中引入非流动的耐用消费品，发现其交易成本对财富差距扩大有一定影响。陈彦斌等（2009）则在异质性风险和总体风险的基础上，通过在 Bewley 模型中引入灾难风险，构建了一个动态随机一般均衡模型，发现资本灾难风险的引入会使穷人群体持有的财产份额下降，富人群体持有的财产份额上升，从而推动财富分布差距的扩大。

第二类是生命周期模型。Diamond 在 20 世纪 60 年代提出研究经济增长的代际交叠模型（Diamond，1965），自此，经济学家在代际交叠框架下研究社会保险、养老机制、政策福利等宏观经济问题。同样，一些经济学家在 Bewley 模型的基础上结合 Diamond 模型的生命周期特征，研究异质性消费者的财产动态积累以及分布。处在不同生命周期的人劳动生产率、消费储蓄习惯等的不同特征，使得不同年龄组群间体现出财富不平等。Huggett（1996）从生命周期角度研究财富分布，在基础的生命周期模型中加入了收入和寿命的不确定性以及不能对这种不确定性保险的特征，并使用这一机制生成了与现实比较接近的财产基尼系数；然而这一模型中的个体在退休之后就开始减少财产持有量，因而没有足够时间积累财产。针对 Huggett（1996）的研究无法刻画老年人财产积累行为的缺陷，De Nardi（2004）在代际交叠模型中引入遗赠动机，个体不仅会为自身的消费平滑与养老保险积累财产，还会为自己后代积累资产，这一机制为家庭内部资产的持续积累创造了条件，很大程度上改进了模型对现实的拟合程度。

Castaneda 等（2003）在 Bewley 模型上引入劳动收入不可保的异质冲击，假设家庭进行生命周期最优投资组合，由于一部分群体拥有更高的劳动收入，因此需要积累相对于持久收入更多的资产进行自我保险，从而加剧财产在富人群体中的集中，较好地解释了最富 1% 人群的财产集中度。陈彦斌和邱哲圣（2011）构建了一个含有生命周期特征的 Bewley 模型，并引入内生性住房需求，发现高房价一方面通过增加富裕家庭的投资性住房需求而推动房价上涨，另一方面扭曲了年轻家庭的储蓄投资行为，使得他们被迫提高储蓄率，加剧了社会财富差距的分化。

第三类是职业选择模型。社会个体可以有多种角色，既可以成为工人也有机会成为企业家，由于企业家和工人占有的资本差异，导致他们在最优消费和投资组合等行为中有不同表现。从这一视角出发，Quadrini（2000）在 Bewley 模型中引入企业家和工人的身份差异，企业家为了获得更高的财产性收入会进行更多投资，他们的投资回报率较高，因而导致了财产分布差异的扩大。通过引入累进税率向比例收入税率转变，在这一职业选择模型框架下，Meh（2005）发现累进税率的消除能够避免社会财富分布差距扩大。同样，Cagetti 和 De Nardi（2006）在个体能够选择自由成为或放弃企业家身份的职业选择框架下，引入借入约束这一市场摩擦。严格的借入约束降低了公司规模和总资本，同时也避免了财产集中，较好地拟合了企业家与普通工人的财产分布和财产持有量的动态过程。

2.2.3　财富分配不平等的影响

财富差距的产生很大程度上是经济发展的结果，较高的财富积累大部分是对居民个人合法劳动的认可，然而我们不能忽视财富不平等对经济整体的影响。Ghiglino 和 Venditti（2011）通过加入内生劳动和异质性代理人，在两部门新古典增长模型中考察了社会财富不平等与产出波动之间的关系，发现当代理人有着 CRRA 偏好时，财富分布不平等扩大会导致产出波动，因此，财富不平等是经济中的一个不稳定因素。Hurst 和 Lusardi（2004）研究了家庭财富水平对个人是否进行创业的影响，他们验证了在存在借贷约束的情况下，初始财富将会成为个人创办企业的制约条件，继而使得财富差距进一步扩大。朱世武和徐龙炳（1998）指出财富分布不均导致了消费的巨大差别，从而不利于我国经济增长模式的转变和经济持续快速发展。

另外，财富差距会对资产价格产生影响。Gollier（2001）发现当投资者的绝对风险规避在财富上是凹的，那么财富不平等会产生股权溢价，并且降低无风险利率。Chien 和 Lustig（2010）使用财富分布的一阶矩度量流动性风险，在一般均衡框架下研究代表性代理人面对总体和异质性收入风险时的总体价格行为，较好地拟合了股权溢价的时变性和商业周期波动。因此不难理解，财富的不均分布将会对投资者的市场参与行为产生影响，这一点将在下文进行阐释。

2.3 有限参与行为和财富分配之间的动态相互作用

2.3.1 财富分配对投资者行为的影响

如同上文已经简要提到的，投资者财富水平差异会对资产选择产生影响，更为清晰地认识这一点有助于我们完善对有限参与和财富之间相互作用关系的研究。居民家庭的财富水平影响其金融市场参与。King 和 Leape（1998）估计了不同资产的需求财富弹性，发现风险资产的财富弹性很高。Tracy 等（1999）和 Carroll 等（2002）研究发现较为富有的家庭持有的投资组合中股票等风险金融资产所占比例明显高于其他家庭。Guiso 和 Jappelli（2000）指出美国拥有财富量最多的一部分人股票市场参与率高达 86.7%；相反，财富量最少的一部分人股票市场参与率仅为 4.4%。Bertaut 和 Starr - McCluer（2000）的研究同样证实财富的增加会增加投资者的市场参与程度。Guiso 等（2002）则对此给出了五个国家的证据。史代敏和宋艳（2005）发现中国居民投资组合中股票的份额会随着财富的增加而增加。除了提高投资者参与市场的概率，根据 Blume 和 Friend（1975）、Wachter 和 Yogo（2010）等的研究，财富还对居民投资在风险市场上的资产比例有正面效应。此外一些学者还研究了最优持有股票比例和持有股票数量的作用（Yunker 和 Melkumian，2010）。Carrol（2002）发现富有的家庭持有的投资组合更为分散化，原因是他们更有能力支付持有多种股票所需的交易成本。

风险市场参与成本并不是财富作用与居民投资行为的唯一原因。Cohn 等（1975）认为投资者的投资行为表现出财富效应的原因在于投资者的相对风险厌恶程度会随着财富增加而减少。通过引入非对称的效用函数，Wachter 和 Yogo（2010）证实了相对风险厌恶程度会随着财富增加而减少，从而使得富人投资于股票的资产比例更大。而 Peress（2004）认为随财富增加而减少的是投资者的绝对风险厌恶而非相对风险厌恶。

Campbell（2006）认为尽管大部分家庭能够进行有效投资，但仍有一些较为贫穷、没有受过良好教育的家庭会出现投资失误；不同财富水平的投资者主要的投资工具也不同，穷人主要的投资对象是流动性资产和汽车，中产阶级主要的投资对象是房产，而富人的主要投资对象为收益较高的股票等权益资产，并称这一现象为"财富效应"。根据我们上文的论述，这将形成动态循环加强的过程，一方面占有财富优势的居民更愿意投资风险资产，另一方面投资风险资产又有利于家庭财富水平的提高。

2.3.2 居民的投资行为对财富分配的影响

如上所述，居民的投资行为会对资产定价和市场运行产生影响，然而我们在此更关注居民家庭对金融市场的有限参与将会对其财富分布有何影响。财富不平等不仅会导致严重的社会动荡，扩大的贫富差距还会导致居民平均消费倾向的降低，从而导致有效需求不足，直接影响中国经济的增长和经济结构转型（吴晓明、吴栋，2007）。研究财富分布的形成机制对解释财富不平等的社会现实有重要作用，从而能够为缓和这种不平等提供理论解决路径。不难发现，在这类研究中对居民的金融市场参与行为这一因素的研究并不丰富。这一方面可能是由于相关的数据库不易得，另一方面可能是由于对风险市场参与的研究并不像其他的领域那样历史悠久。然而像我们在下文将要论述的，这一研究具有其独特的理论与政策意义。

对于股票市场财富效应的关注起源于 Ando 和 Modigliani（1963）利用生命周期模型对家庭消费行为的解释。模型厘清了股票价格与消费之间的理论联系，消费会随股票价格的变化而变化，而这种关系可能是由两种不同的效应引起的（Poterba 和 Samwick，1995；Dynan 和 Maki，2002）：间接效应即股价对未来实体经济具有指示器功能，其变化并不是随后消费变化的原因，而只是提前揭示了未来消费的变化趋势；直接效应，也称为"财富效应"，在这种情况下，股票价格的变化改变了家庭的预算约束，股价的上升可能向外移动了预算约束，从而会使家庭增加消费。还有一些研究（Mankiw 和 Zeldes，1991；Attanasio 等，1998；Brav 等，2002）发现，与不持有股票的家庭相比，股票持有者的消费支出与股票市场收益具有更高的相关性，从而支持了直接效应的观点。

那么，在家庭风险偏好异质性的条件下，家庭对风险资产的有限参与是否会影响家庭的财富水平呢？直觉上，股票投资能够影响居民的财富状况并不难理解。如上文提到的，20世纪以来股票市场存在显著的股权溢价（Mehra和Prescott，1985；Fama和French等，2002），与储蓄相比，股票投资尽管要承担一定的风险，但也有着较高的回报。Campbell（2006）研究认为投资参与度、风险偏好度与财产水平是相互影响的。投资参与度较高、偏好风险的户主倾向于积累更多的财产，之后他们又会增加投资参与的广度，并进一步强化对于风险的偏好而进行新的探索，这又将导致财产进一步的增值。

在经典的代表性代理人模型下，财富分布是平均的；然而引入有限参与将对财富分布产生重要的影响。Guvenen（2006）假设市场存在摩擦，从而有一部分人不能进入市场；采用模拟的方法，他发现这时股票持有者群体拥有80%的财富，而在全部参与的情况下，该群体仅拥有30%的财富，平均而言，是非股票持有者财富的8倍，同时消费也比非股票持有者平均高出50%。同时Guvenen（2006）较为详细地解释了有限参与对财富分布的影响。在不完全的市场下，两类代理人——股票持有者和非股票持有者都会增加预防性财富，而对于非股票持有者尤其如此，因为他们只能参与债券市场，其跨期替代弹性低，更希望能够平滑消费。但股票持有者即使不参与债券市场也同样可以平滑消费，且只有在能够以低利率借款的情况下才会参与债券市场。参与债券市场，贷款给股票持有者是非股票持有者增加财富的唯一方式，但低利率反过来又抑制了非股票持有者的储蓄需求，因而在均衡时非股票持有群体的财富值会很低，换言之，股票持有者的借款量很少。

Campanale（2007）发现居民的财富分布要比收入分布更加集中，随着财富净值的增加，居民家庭投资组合中高收益资产的比例将提高，而财富的积累与较高的回报率之间有相互促进的作用。资产净值较低的居民家庭较少投资于收益率较高的股票市场，这就是我们所说的有限参与，由此导致了贫富居民投资收益存在差异。这种差异将导致财富分布的不均，并能在一定程度上解释美国的基尼系数。Favilukis（2013）也提到股票的高回报与财富不平等之间存在正相关关系，原因正是在于有限参与现象的存在。平均而言投资股票的居民较其他居民而言更为富有，因此股票的正收益会使得富有的居民更加富有，从而加剧了财富分布的不平等。

国内相关的研究相对较少。赵人伟等（2005）对中国社会科学院经济研究所收入分配课题组 2002 年的家庭调查数据分析发现金融资产大大地高于总财产的基尼系数，说明金融资产的分布对总财产的分布有明显地扩大不均等程度的作用。肖争艳和刘凯（2012）利用实证的数据发现户主的投资参与度和风险偏好度的提高有利于家庭财富水平的增加，特别是对于高收入和经济发达地区的居民家庭来说，投资参与度和风险偏好对家庭财富水平积累的积极影响更为显著。

2.4 本章小结

经过以上对国内外文献的梳理，我们可以总结出以下结论：

首先，对于居民金融市场的有限参与行为的研究得到了足够的重视，但研究尚不系统。这些研究多以实证的方法证明某一个或几个因素对居民市场参与的概率和深度的影响，而较少分析这些因素间的关系以及作用产生的途径。这一方面是由于影响居民投资行为的因素众多，对于这些因素的认识是一个逐渐成熟的过程，且涵盖多方面因素的家庭金融调查数据比较难得；另一方面是前人的研究兴趣多在于阐释这种所谓的"相关关系"，而少有人从整体视角进行较为系统的建模。

其次，从金融角度研究财富分布的研究尚不多见。虽然从宏观经济学的视角对财富分布的研究已较多，但多是以劳动收入、消费以及相应的总体和异质性风险角度展开研究，从金融市场特别是居民的市场参与角度研究财富分布的较少，进行系统量化分析的更是几乎没有。在金融市场已经成为居民生活重要部分的现如今，研究居民金融参与对财富分布的影响是十分必要的，也是我们选择的切入点。

最后，随着经济的发展和贫富差距的逐渐拉大，我国学界对财富分布的关注逐渐升温，但量化研究刚刚起步。由于对财富分布的建模研究需要将截面分布作为随时间随机演变的状态向量，来对总体冲击做出响应，因此技术上较为复杂，需要依赖精细的数学建模和耗时的数值分析，同时还必须有强大的调查数据库用于校准和模拟，以得到准确的结论。

综上所述，前人的研究给我们提供了丰富的借鉴和研究基础，然而也有很多问题亟待解决。在此基础上，我们试图从居民家庭市场有限参与行为角度，研究金融市场参与对投资者财富的积累与分布产生作用的机制，以及财富差距对投资行为的反馈，聊补相应的研究空白，为政府和实务部门提供学术参考。

第3章　财富效应的内因：财富与风险态度

3.1　居民财富与风险态度

居民的资产选择行为对其自身乃至整个社会的福利都有着重要而深远的影响。特别地，风险市场的有限参与行为严重阻碍着居民财富的累积和市场金融创新，而风险态度作为主观影响因素在其中起着重要和根本的作用。从居民福利角度来看，风险厌恶特征特别是风险容忍度的曲率可能是导致边际消费倾向递减的原因之一（Carroll 和 Kimball，1996），并影响预防性储蓄的规模（Kimball 和 Weil，2009），甚至可能是导致福利损失的因素（Fisher，1930），因此关于这一问题的研究有助于衡量政府的财政和社会保障措施的福利影响。理论上，在分析存在不确定性的经济问题时，居民风险态度随财富的变化特征是最重要的建模条件之一。一方面，风险资产的市场价格在一定程度上取决于个人投资者的效用函数形式和投资者之间的财富分布（Friend 和 Blume，1975），如果风险容忍度是凹的，那么财富分布不平等能够部分解释风险溢价之谜（Gollier，2001）；另一方面，风险态度和财富之间的关系对于在不确定条件下构造家庭消费和储蓄方程、求解跨期投资问题是必要的。在消费者投资组合选择模型中，首要的就是设定效用函数的形式，其核心即确定风险态度关于财富的函数。

很多文献认为贫穷的人比富有的人更为厌恶风险（Bardhan et al.，2000）。Arrow 在其殿堂级文章中提出，"绝对风险厌恶程度随着财富的上升而下降，相对风险厌恶程度随着财富的上升而上升"（Arrow，1965），即家庭随着财富的增加，会配置更多的风险资产，然而风险资产占总财富的份额是下降的。尽管这一设定经常被用于对不确定条件下的经济行为进行预测（Arrow，1970），但是它主要是基于对不同财富人群行为的日常观察简单归纳得出的。Gollier 和 Pratt（1996）认为绝对风险厌恶系数是财富的凹函数这一点应该作为一个自然的假设，因为这样的假设意味着对于投资者而言，他的财富越多，一定量的财富上升带来的风险溢价的减少就应该越小，然而却没有给出实证证据。

经济学研究中通常直接假设投资者是风险厌恶的，而且在实际应用过程中多使用负指数效用函数（常绝对风险厌恶、递增相对风险厌恶）和对数效用函数（递减绝对风险厌恶、常相对风险厌恶）。较早出现的实证证据来自实验，例如 Gordon 等（1972）用实验证明财富总额高于 20 万美元的投资者的效用表现为对数效用形式即常相对风险厌恶，然而财富低于这一水平的投资者表现出的是递增的相对风险厌恶。Friend 和 Blume（1975）首先使用横截面调查数据研究了相对风险厌恶系数和财富之间的关系，并认为常相对风险厌恶形式的效用函数是准确的。Guiso 和 Paiella（2008）利用调查数据构建了一个绝对风险厌恶系数的测度，发现绝对风险厌恶程度是财富的减函数，同时拒绝了常相对风险厌恶效用偏好的设定。

对中国居民风险态度与财富之间关系的实证研究主要有王晟和蔡明超（2011），其样本集中于长江三角洲地区，基于方法仅研究了参与股市的投资者的风险厌恶系数。马莉莉和李泉（2011）从投资者对风险资产需求这一角度，以家庭风险资产占总财富的比例作为解释变量研究了中国投资者的风险偏好，结论是我国投资者风险规避程度随财富水平增加而递增，但其分析基于居民的风险投资组合完全体现了其风险偏好的假设，是一种间接的推断方法。另外，谢识予等（2007）以上海大学生为样本用实验的方法探究了风险态度的一般规律，发现被试的风险态度受到中奖概率和奖金大小的影响，虽然大多时候表现为风险中性，也在一定条件综合作用下表现为风险偏好或厌恶；陈彦斌和徐绪松（2005）则利用股票溢价配合相应的行为参数生成风险规避系数，用来解释股权溢价之谜。

本书创新之处是利用具有代表性的全国性调查数据，参照 Guiso 和 Paiella（2008）的方法构造风险厌恶系数，考察家庭效用函数的实际特征，并分析财富影响风险态度的运作机制，即背景风险在其中起到的作用。首先，利用奥尔多研究中心"城市投资者行为调查问卷"2007 年的调查数据，通过居民对虚拟风险试验的应答计算 Arrow – Pratt 绝对和相对风险厌恶指标，实证分析居民风险态度与财富之间的关系。李涛和郭杰（2009）、何兴强等（2009）使用类似的指标研究了居民的风险态度对其股市参与的影响。研究表明，绝对风险厌恶系数是家庭财富的减函数，因此可以拒绝 CARA 的偏好设定；而且根据我们的估计，绝对风险容忍度的财富弹性小于 1，即相对风险厌恶系数也关于财富递减，因此 CRRA 偏好也是不成立的。为了避免风险态度和财富之间可能存在的内生性影响回归结果，我们用工具变量法进行了稳健性检验并得到相同的结论。

除了投资组合带来的风险，投资者面临的另外一种重要的风险是背景风险，主要与居民的劳动收入、固定资产以及健康状况等因素有关，在不完全市场条件下无法通过金融市场分散这种风险（Heaton 和 Lucas，2000a）。关于背景风险的存在对居民风险态度的影响，一个直觉的判断是不同类型的风险之间存在溢出效应，背景风险的存在可能会提高对投资组合风险的厌恶程度。研究证明，以收入风险和流动性约束水平为代表的背景风险都提高了居民的风险厌恶水平，且引入背景风险指标之后财富对风险态度的影响不再显著，即财富对风险态度的影响在一定程度上通过背景风险的存在起作用。财富的变化改变了投资者的背景风险状态，而一个背景风险较高的人会更为厌恶投资组合风险而拒绝持有风险资产，从而导致有限参与现象的产生。

研究风险偏好关于财富的函数形式对于政策制定者和研究者而言，最主要的意义在于分析居民投资组合选择行为及其给个人和社会整体带来的福利影响。一个重要的推测在于如果居民的风险厌恶程度随着财富的上升而下降，那么财富高的投资者将配置更多的风险资产，在股权回报率非常高的背景下①，财富高的投资者资产组合更为有效（吴卫星等，2015），获得了更高的资本收益，更多地掌握了财富再分配的主动权。然而如果资本市场风险集中爆发②，这部分投资者将遭受巨大的损失。因此居民的风险态度和由其影响的风险投资行为无疑是值得经济学界和政策制定者考量的问题。

本章给出了利用调查数据构建居民风险态度指标的方法和样本的描述性分析，实证研究了风险态度与财富的关系，并探究了这种关系的发生渠道，最后给出了结论。

3.2 风险厌恶程度的度量和描述性统计

本节使用的数据来自北京奥尔多投资咨询中心 2007 年的"城市投资者行为调查"。样本选自全国 15 个代表性城市的 1355 个居民家庭，调查问题涵盖了家庭资产配置情况以及丰富的人口特征等变量。除去重要变量缺失以及户主年龄小于 20 岁或大于 70 岁的样本，共计 1142 个有效样本。对风险态度的度量参照 Guiso 和 Paiella（2008）的方法，使用问卷中为被访者提供的虚拟实验计算被访者的风险厌恶程度指标。具体地，向被调查者提问："假设让您花钱玩一个游戏。在一个装有 100 个球（其中 50 个红球，50 个黑球）的罐子中随意取出一个球。如果它是红球，您可以获得 2500 元；如果它是黑球，您将一无所得。您最多愿意花多少钱玩这个游戏？"样本中受访家庭平均月收入为 6984 元，2500 元占月收入的 36%，因此这笔投资具有相对较大的风险，避免了在风险较小的情况下投资者尽管规避风险仍可能表现出风险中性特征造成的测量偏误（Arrow，1970）。从实验的要求看，设投资者的投入为 P_i，投资

---

① 实际上，上证指数和创业板指数截至 2015 年 5 月底的涨幅分别达到 43.99% 和 138.94%，主动股票型基金自 2015 年以来平均收益率达 85%，152 只偏股型基金年内收益率超过 100%。

② 自 2015 年 6 月 15 日以来截至 9 月 15 日，上证指数累计下跌 39.7%，3 个月中上证指数单日涨跌幅度超过 5% 的次数共有 12 次，其中最大跌幅为 8.49%，千股以上同时跌停场面共出现 16 次。

者有 50% 的概率获得 2500 元，50% 的概率收入为 0，则对于最大化期望效用的投资者而言，参与实验不应改变其期望效用，即

$$u_i(W_i) = E u_i(W_i + Y_i)$$

其中 $Y_i = \begin{cases} 2500 - P_i, prob = 0.5 \\ - P_i, prob = 0.5 \end{cases}$。将 $Eu_i(W_i + Y_i)$ 在 W_i 附近进行二阶泰勒展

开有

$$Eu_i(W_i + Y_i) \approx u_i(W_i) + u_i{}'(W_i)E(Y_i) + \frac{1}{2} u_i{}''(W_i)E(Y_i)^2$$

根据这两个方程可知，绝对风险厌恶系数 $A_i(W_i)$ 和相对风险厌恶系数 R_i (W_i) 分别可以表达为

$$A_i(W_i) \approx - \frac{u_i{}''(W_i)}{u_i{}'(W_i)} = \frac{2E(Y_i)}{E(Y_i)^2} = \frac{2(2500 - 2 P_i)}{(2500 - P_i)^2 + P_i{}^2} \tag{1}$$

$$R_i(W_i) = A_i(W_i) \times W_i (1) \qquad R_i(W_i) = A_i(W_i) \times W_i$$

根据式（1）容易证明 $\partial A_i(W_i)/\partial P_i < 0$，即投资者在游戏中愿意付出的投入越多，其绝对风险厌恶程度越小。不妨设定一种特定的效用函数形式，将每个样本家庭的投入 P_i 通过效用函数映射为一种对风险态度的度量。如同 Guiso 和 Paiella（2008）证明的，选取怎样的函数形式只会影响度量值的绝对大小，不会影响对风险态度和财富及其他家庭特征变量关系的考察，而后者是我们关心的。我们选择 CRRA 函数为例，那么解方程

$$\frac{W_i^{1-\gamma_i}}{1 - \gamma_i} = 0.5 \times \frac{(W_i + 2500 - P_i)^{1-\gamma_i}}{1 - \gamma_i} + 0.5 \times \frac{(W_i - P_i)^{1-\gamma_i}}{1 - \gamma_i} \tag{2}$$

即得到相对风险厌恶系数 $\gamma_i(W_i)$，及相对应绝对风险厌恶系数 $A_i{}'(W_i) = \gamma_i(W_i)/W_i$。利用式（1）计算得出的 $A_i(W_i)$ 和式（2）得到的 $\gamma_i(W_i)$ 都是财富 W_i 的函数，作为风险厌恶指标是可以完全替代的[①]，使用两种方法分别计算的目的是相互验证。

————————————

[①]　由于绝对和相对风险厌恶系数之间存在的简单代数关系，利用式（1）能计算得到相对风险厌恶系数 $R_i(W_i)$，利用式（2）也能计算得到绝对风险厌恶系数 $A_i{}'(W_i)$，很显然可以证明两者与 $\gamma_i(W_i)$ 和 A_i (W_i) 分别是完全正相关的。

为了证明用式（1）计算的绝对风险厌恶系数 $A_i(W)_i$ 和用式（2）计算的相对风险厌恶系数 $\gamma_i(W_i)$ 确实能够体现居民的风险态度，我们选取了问卷中一些体现风险选择的指标，如表 3-1 所示包括：是否为自由职业者、个体户、公务员的虚拟变量；健康程度为一般、差或较差；是否拥有社会养老保险；以及对于如下两种说法"投资的不确定性让我感到焦虑不安""我担心自己的投资会是一种意想不到的结局"的回应情况，并将这些指标与计算所得的风险态度测度进行对比。理论上一个人越厌恶风险，他越不会选择自由或个体职业，而倾向于选择公务员且参与养老保险；健康程度不好的人更厌恶风险；对投资持有怀疑态度。表 3-1 的第 2 列给出了这些变量在总样本中的均值，后两列给出了这些行为指标和两个风险态度指标的无条件相关系数，可以看到符号和我们的预测一致，且风险态度和"是否为公务员"和"对投资不确定的忧虑"相关性是最强的，从而证明了我们计算的风险厌恶指标的代表性。

表 3-1　　　　　　　　风险厌恶和居民的风险相关行为　　　　　　单位：%

在样本中的比例	样本均值	与风险态度指标的相关系数	
		$A_i(W_i)$	$\gamma_i(W_i)$
自由职业者	5.08	-0.0088	-0.0210
个体户	8.14	-0.0269	-0.0004
公务员	8.41	0.0114	0.0195
健康程度一般、差或较差	17.75	0.0000	0.0118
拥有社会养老保险	79.27	0.0021	0.0053
"投资的不确定性让我感到焦虑不安"	37.88	0.0139	0.0568
"我担心自己的投资会是一种意想不到的结局"	35.07	0.0021	0.0733

由于虚拟游戏的风险中性价格为 1250 元，因此愿意支付高于这一价格的是风险爱好者，恰好愿意支付这一价格的为风险中性的投资者，而支付少于1250 元的则为风险厌恶者。另外我们以 P_i 的样本中值（50 元）作为区分标准，将风险厌恶的子样本分为风险高度厌恶和风险低度厌恶的样本。表 3-2

总结了样本总体和不同风险态度子样本的描述性特征，其中资产特征一栏包括：财富变量 $wealth_i$。$wealth_i$ 定义为家庭的总资产和总负债的净差值，收入变量 $income_i$ 表示家庭在调查年度的总收入，资产参与哑变量分为是否参与股票 $stock\_invest_i$、是否参与包括股票和基金在内的风险资产 $risk\_invest_i$ 以及是否参与房产投资 $house\_invest_i$。

人口特征一栏包括户主的年龄 age_i 和一系列哑变量：性别 $male_i$，当户主为男性时定义为 1；教育程度 $college$，当户主为大学本科及以上学历时定义为 1；婚否 $married_i$，当户主已婚时定义为 1；是否有子女 $children_i$，当家里有未成年子女时定义为 1；是否居住在大城市 $metropoli_i$，当家庭位于北京、上海和深圳（调查样本中的三个超大型城市）时定义为 1；以及是否为专业技术类或管理类职业 $professtional_i$，当户主为公务员、工程技术人员、企业管理人员和教师及科研人员等对知识素养要求较高的职业时定义为 1。风险态度指标一栏包括用式（1）计算的绝对风险厌恶系数 A_i（W_i）和用式（2）计算的相对风险厌恶系数 γ_i（W_i）。表中财富和收入统计是所在样本的中值，其他变量为均值。

首先，总体中愿意支付的价格小于虚拟证券的风险中性价格的有 1102 个，占总样本的 96%，也就是说大部分家庭投资者都是风险厌恶的，这一结果和国际经验十分接近（Dohmen et al.，2011）。其次，风险态度和居民的资产和人口特征有一定关系。财富被定义为家庭的总资产和总负债的净差值，从表 3-2 可以看到，风险厌恶的家庭财富水平低于风险爱好和中性的家庭，风险高度厌恶的家庭财富总量要低于风险低度厌恶的家庭，家庭的风险态度与财富水平是有关系的。从家庭收入角度来看，风险高度厌恶的家庭劳动收入要低于风险低度厌恶的家庭，然而风险厌恶的家庭总体收入中位数略高于风险爱好/中性的家庭；但是从收入均值上来看，风险爱好/中性家庭的收入平均为 113190 元，远高于风险厌恶家庭的平均收入 75053 元，也就是说风险爱好家庭的收入分布右偏严重。此外，风险厌恶水平低的家庭拥有股票的比例显然高于高度厌恶风险的家庭，拥有风险资产（包括股票、基金、期货、理财产品、房产和商业投资）比例也要明显更高。高度厌恶风险和风险爱好/中性家庭拥有房产的比例较高。

表 3－2　　　　　　描述性统计：不同风险态度样本群体特征

变量	风险厌恶			风险爱好/风险中性	总体样本
	高度厌恶	低度厌恶	总体		
资产特征					
wealth（元）	153400	172200	160000	205000	162710
income（元）	38400	42000	40800	36000	40800
stock _ invest	0.2886	0.3548	0.3194	03750	0.3179
risk _ invest	0.6435	0.6628	0.6525	0.7250	0.6550
house _ invest	0.4958	0.3918	0.4474	0.5750	0.4518
人口特征					
age	34.15	33.07	33.65	33.07	33.63
male	0.5891	0.6101	0.5989	0.7250	0.6033
college	0.3939	0.3645	0.3802	0.4500	0.3827
married	0.6044	0.5107	0.5608	0.4500	0.5569
childre	0.4244	0.3996	0.4129	0.2500	0.4072
metropoli	0.2767	0.3255	0.2995	0.4750	0.3056
professional	0.3860	0.4482	0.4192	0.5250	0.4229
风险态度指标					
A_i（W_i）	0.000799	0.000753	0.000778	－ 0.00052	0.000778
γ_i（W_i）	0.912553	0.902461	0.907855	0.760079	0.902679
样本量	589	513	1102	40	1142

　　从人口特征上来看，家庭户主为男性的投资者更爱好风险，风险偏好家庭的户主年龄更为年轻。风险偏好家庭获得大学及以上学历的比例更高。婚姻和孩子将导致家庭更为厌恶风险。将住在北京、上海和深圳的居民定义为"大城市"居民，风险爱好家庭中住在大城市的家庭比例要远高于厌恶风险特别是高度厌恶风险的家庭样本。定义样本中从事公务员、工程技术人员、企业管理人员、教师及科研人员的家庭为专业类职业，统计表明专业人员更偏爱风险。另外对比上文计算得到的风险态度指标A_i（W_i）和γ_i（W_i）可以看出，样本的风险厌恶水平越高，由A_i（W_i）代表的绝对风险厌恶水平越高，

由γ_i（W_i）代表的相对风险厌恶水平也越高，风险爱好/中性家庭的平均γ_i（W_i）仅为0.760079，而风险高度厌恶家庭的平均γ_i（W_i）达到了0.912553。

3.3　实证分析

3.3.1　风险态度与财富的实证关系

利用以上得到的风险态度指标，我们在这一部分用实证手段分析风险态度与财富的关系。我们的回归模型如下：

$$risk\_measure_i = wealth_i \times \alpha + X_i^{'} \times \beta + u_i$$

其中，$risk\_measure_i$代表风险态度指标，$wealth_i$代表家庭的财富，X_i代表上文提到的家庭人口特征变量。

表3-3给出了使用式（1）计算的绝对风险厌恶系数A_i（W_i）及其对应的相对风险厌恶系数R_i（W_i）作为第一组被解释变量、式（2）计算的相对风险厌恶系数γ_i（W_i）及其对应的绝对风险厌恶系数A_i'（W_i）作为第二组被解释变量，用财富、年收入以及家庭户主的年龄等个人特征作为解释变量进行的回归分析。表3-3的回归系数结果证明，居民的绝对风险厌恶程度随财富的增长而递减，相对风险厌恶程度随财富的增长而递增，并且这一结论是显著的。这一结论初步否定了常用的CARA和CRRA偏好假设，而更符合Arrow（1965）对风险态度的判断，而在这样的风险态度模式下，家庭将会随着财富增加而增加风险资产投资，但减少其占总财富的份额。

其他人口特征也对风险态度有一定影响，整体上，投资者为男性、大学以上学历、未婚、没有子女、居住在大城市、从事专业性职业时，更为偏好风险。劳动收入对于绝对和相对风险厌恶程度的影响都是负的。另外我们可以看到使用任意一组风险态度指标得到的结论基本类似，事实上在后文的研究中使用任意一组指标的实证结果的结论都是相同的，为了节省篇幅我们着重给出使用第一组风险指标中的A_i（W_i）的各种实证结果。

表3－3　　　　　　　　　风险态度与财富的关系：简单回归

	第一组风险态度指标		第二组风险态度指标	
	A_i（W_i）	R_i（W_i）	A_i'（W_i）	γ_i（W_i）
wealth	-2.21×10^{-11} *	0.0007 ***	-1.06×10^{-10} *	5.51×10^{-8} ***
income	-3.57×10^{-11} *	-0.0001 ***	-1.07×10^{-10}	-1.06×10^{-8} *
age	6.01×10^{-7}	0.7363	-1.48×10^{-5}	0.0006
male	-3.18×10^{-5} **	-22.6428 **	-0.0005 *	0.0069
college	-1.34×10^{-7} *	2.3976	-0.0004	-0.0218 *
married	1.90×10^{-6} *	22.1984 *	-0.0003	-0.0056
children	3.52×10^{-5} **	10.8954	-0.0002	0.0973 ***
metropoli	-3.75×10^{-5} **	-12.7487	-0.0002	-0.0036
professional	-3.59×10^{-6}	-0.0790	-0.0001	-0.0185
constant	0.0004 ***	-6.965	0.0016 *	0.8434 ***
Adjusted R^2	0.0168	0.7859	0.0049	0.0367

注：***、**、*分别表示回归系数的显著性水平为1%、5%、10%。

为了更精确地估计风险态度和财富之间的关系，我们假设绝对风险厌恶系数符合一定的函数形式，记 $A(w) = \dfrac{k}{w^\beta}$，其中 w 为财富，k 是一个正数，包含除了财富之外能够影响投资者偏好的其他因素，β 表征了风险偏好的形式。当 $\beta = 0$ 时 $A(w)$ 不随财富的变动而变化，代表常绝对风险厌恶（CARA）；当 $\beta > 0$ 时，$A(w) > 0$ 且随着财富的增长而下降，代表绝对风险厌恶递减且是财富的凹函数，β 表征的是 $A(w)$ 随财富下降的速度。如果 $\beta = 1$，代表 $A(w)$ 与财富同步增减，也就是常相对风险厌恶（CRRA）；如果 $0 < \beta < 1$，则 $R(w) = \dfrac{k}{w^{\beta-1}}$ 是财富的增函数，对应的为递增相对风险厌恶。取对数值，

$$\log A = \log k - \beta \log w \tag{3}$$

表3－4给出了对式（3）的回归结果，被解释变量为根据式（1）估计的绝对风险厌恶系数 A_i（W_i）。列（1）和列（2）使用投资者汇报的当期财富值作为主要的解释变量，这意味着我们将现期财富等同于效用函数中的禀赋；

而实际上，用消费者整个生命周期内的禀赋更为精确。根据生命周期——永久收入模型，消费支出与整个生命周期禀赋成正比，因此在列（3）我们使用消费替代现期财富进行估计。这两种选取财富的方式都将重点放在金融财富，广义的财富还包括人力资本，因此列（4）在现期财富的基础上加上当期收入作为人力资本代表。注意，表3－4中财富指标的系数都是 $-\beta$，相同的解释适用于后续的分析。

表3－4 风险态度与财富的关系：弹性分析

	（1）	（2）	（3）	（4）
Log（wealth）	－ 0. 0034	－ 0. 0063 *	—	—
Log（consumption）	—	—	－ 0. 0064 *	—
Log（wealth + income）	—	—	—	－ 0. 0117 ***
age	—	0. 0006 *	0. 0004 *	0. 0007 *
male	—	－ 0. 0239 **	－ 0. 0232 **	－ 0. 0238 **
college	—	－ 0. 0048	－ 0. 0076	－ 0. 0056
married	—	－ 0. 0101	－ 0. 0076	－ 0. 0105
children	—	0. 0166 **	0. 0063 *	0. 0160 *
metropoli	—	－ 0. 0037 *	－ 0. 0051 *	0. 0566 **
professional	—	0. 0057	0. 0060	0. 0041
constant	－ 7. 1290 ***	－ 7. 0836 ***	－ 7. 0823 ***	－ 7. 0865 ***
birthplace	No	Yes	Yes	Yes
birthplaceProb > F test	—	0. 3904	0. 3704	0. 0159
Prob（$\beta = 1$）	0. 000	0. 000	0. 000	0. 000
Adjusted R^2	0. 0009	0. 0618	0. 0581	0. 0484
样本量	932	932	928	1071

注：***、**、*分别表示回归系数的显著性水平为1%、5%、10%。

表3－4进一步证明了投资者的风险态度与财富的关系服从递减的绝对风险厌恶和递增的相对风险厌恶形式。以列（2）为例，β 的估计值为0.0063，也就是说，绝对风险厌恶程度随着财富的增加而降低，拒绝了CRRA的假设，并且由于 $\beta < 1$，从而拒绝了CRRA偏好，而是递增的相对风险（IRRA）。另

外在列（2）至列（4）中我们都引入了年龄、性别、教育、婚否、是否有子女、是否居住在大城市、是否从事专业工作以及居住地区等刻画居民特征的变量，分析结论与表3-4类似。另外，16个地区变量联合显著性并不显著。我们使用调查数据得到的实证结论符合Arrow（1965）的假说，即认为绝对风险厌恶程度随财富增加而降低，相对风险厌恶程度则上升。

之前得到的结论没有考虑财富和风险态度之间的内生性，实际上，如果更为厌恶风险的投资者选择较为安全的投资手段，他们的收入可能偏低从而变得更为贫穷并且消费较低（吴卫星、张琳琬，2015）；但是如果厌恶风险的人选择增加预防性储蓄而减少消费，那么他们则会积累更多的财富。另外财富与不可观测的认知能力之间存在正相关关系，而认知能力又有可能影响个人的风险态度。为了防止受到内生偏误的影响，我们使用工具变量法重新估计式（3）。我们选取调查者对自己财富水平的满意程度作为工具变量，计算可知其与被调查者的财富和消费水平高度正相关，而不受风险态度的影响。表3-5给出了代入工具变量后二阶段最小二乘法的估计结果。

可以看到利用工具变量法估计得到的回归系数与普通OLS的结果非常相似，举例来说，列（2）财富的系数是-0.0475，对应的β值为0.0475，比OLS估计略大。其他相关的β值同样比起表3-4中对应的略大。使用工具变量法估计的结果仍然拒绝了常绝对和相对风险厌恶偏好。

表3-5 风险态度与财富的关系：工具变量法

	（1）	（2）	（3）	（4）
Log（wealth）	-0.0114	-0.0475*	—	—
Log（consumption）	—	—	-0.0596	—
Log（wealth + income）	—	—	—	-0.0459*
age	—	0.0013	0.0002	0.0010
male	—	-0.0228**	-0.0262**	-0.0213*
college	—	-0.0007	-0.0115	-0.0026
married	—	-0.0041	-0.0062	-0.0038
children	—	0.0176	0.0034	0.0200

续表

	(1)	(2)	(3)	(4)
metropoli	—	0.0015	− 0.0039	0.0187
professional	—	0.0194	0.0205	0.0119
constant	− 7.0328 ***	− 6.6189 ***	− 6.5175 ***	− 6.6339 ***
birthplace	No	Yes	Yes	Yes
birthplaceProb > F test	—	0.2048	0.0717	0.6197
Prob ($\beta = 1$)	0.000	0.000	0.000	0.000
IV	Yes	Yes	Yes	Yes
样本量	905	905	894	1027

注：*** 、** 、* 分别表示回归系数的显著性水平为1%、5%、10%。

3.3.2 财富作用于风险态度的渠道：背景风险

已有的研究多将注意力放在财富对风险态度的影响上面，然而对于这种影响的发生渠道仍少有涉及。如同前文提到的，背景风险可能会影响投资者的风险偏好。背景风险是无法保险的风险，主要来源是居民的劳动收入、自营商业收入、房地产等，并与健康状况等因素有关。在完全市场的假说下，根据 Merton（1971）的模型，有风险的未来收入是可以定价的并被计入总财富的，因此与居民在股票和债券之间的选择无关。然而在不完全市场的条件下，未来收入可能难以被定价，这就是背景风险，因此背景风险的存在很可能影响居民风险态度和风险资产的配置。

一些文献表明，不能在金融市场上保险的背景风险的存在可能会使投资者对于其他可以保险的风险的容忍度降低。Pratt 和 Zeckhauser（1987）、Kimball（1993）和 Eekhoudt et al.（1996）构造了一系列效用函数形式，分别命名为"适当的""标准的"风险厌恶形式和"风险脆弱性"，其共同特征是背景风险的存在提高了投资者的风险厌恶程度。其直觉是一个不受欢迎的彩票的存在不会由于其他的、独立的、不受欢迎的彩票的存在而变得受欢迎，并且证明了指数、对数和幂效用函数都存在这样的性质。Heaton 和 Lucas（2000a）的理论模型证明，不能保险的背景风险能够改变投资人对股票市场风险的容忍度。大量的研究证明面对较高背景风险的投资者持有较少甚至不持有风险资产，并且由于背景风险特别是收入风险与年龄之间有很强的相关性，因此背景风险还常被用来解释投资组合的生命周期特征（Heaton 和 Lucas，2000a；Gollier 和 Zeckhauser，2002）。在这些研究中，背景风险影响投资者的风险态度继而影响投资组合选择都是作为假设存在的，我们的研究给出了这一假设的实证证据。

财富水平的不同显然会影响投资者面对的背景风险大小。Heaton 和 Lucas（2000b）对此给出了详细的讨论，即由于家庭财富不同，居民持有的资产类别和份额的相对大小有显著的不同，资产的特点和流动性也必然不同，例如房产作为财富的一个重要组成部分流动性就较差，自营商业资产也存在较为集中难以变现的特点，如此影响其面对的背景风险大小。另外，财富不同的家庭面对的收入结构也不同（吴卫星和张琳琬，2015），收入流风险越大其面对的背景风险水平也就越高。另外一个直觉是财富对于背景风险有对冲作用，在面对相同的风险冲击的时候（例如相同的劳动收入风险），较高的财富能提供更好的缓冲作用。

本章使用两个指标来代理背景风险，其一为劳动收入风险，其二为流动性约束。劳动收入风险的定义借鉴 Guiso 和 Paiella（2008）的方法，用人均 GDP 的波动来作为度量指标。具体地，我们选取 2000—2014 年各样本家庭所在地区的省人均 GDP 剔除时间趋势后计算残差方差，记为$VPGDP_i$。人均 GDP 的方差是总体风险的代表，与投资者的风险态度是外生的。流动性约束也是表征背景风险的一种指标，我们这样定义流动性存在约束这一哑变量LQC_i：家庭现有债务/资产比例大于50%的，以及资产总量为0的，定义为1。我们没有使用个人投资者对自己借贷难度的评价作为衡量指标以避免主观性对结果的影响，这与选择收入风险指标时的初衷是一致的。

表3–6给出了财富对背景风险存在影响的证据。被解释变量分别为背景风险的两个代理指标$VPGDP_i$和LQC_i，解释变量分别为上文提到的财富的三个代理指标，当期财富、消费支出及当期财富收入和的对数值，由于LQC_i是哑变量，

故使用 *probit* 回归，$VPGDP_i$ 作因变量的使用普通回归。由此可以看到财富水平对于投资者的背景风险是有显著影响的，并且财富水平越高背景风险水平越低。

表 3 - 6　　　　　　　　　　　　财富对背景风险的影响

	$VPGDP_i$			LQC_i		
	(1)	(2)	(3)	(4)	(5)	(6)
Log （wealth）	- 0.0931 ***	—	—	- 0.1067 ***	—	—
Log （consumption）	—	- 0.0232	—	—	- 0.0071	—
Log （wealth + income）	—	—	- 0.0891 **	—	—	- 0.2952 ***
constant	1.6049 ***	2.9331 ***	1.6586 ***	1.2813 ***	0.0913	3.7870 ***
Adjusted R^2 （Pseudo R^2）	0.0071	0.0007	0.0045	0.0106	0.0000	0.0551

注：*** 、** 、* 分别表示回归系数的显著性水平为 1%、5%、10%。

表 3 - 7 给出了加入背景风险指标后的回归结果。首先最重要的是，控制背景风险之后风险态度与财富之间的关系不再显著。这一结果意味着在控制居民家庭的背景风险因素和其他人口特征因素之后，财富对于风险态度不再存在独立的影响。当然这不意味着财富对风险态度没有影响，而是说明财富对风险态度的影响主要是通过影响背景风险起作用，背景风险是财富影响风险态度的重要渠道。其次可以看到，作为背景风险度量指标的人均 GDP 波动率和流动性约束的回归系数是正的，也就是说，面临较大背景风险的投资者风险厌恶程度较高，这符合我们预期的 "风险溢出效应"，即劳动收入风险较高、流动性较差的居民同时也主动回避了金融市场风险。实际上，这可能是导致居民金融市场有限参与的重要原因，Heaton 和 Lucas（2000a）研究发现，收入水平波动较大的家庭，与同等收入的家庭相比，所持有的股票比例更低。一种可能的争论是，风险厌恶程度高的个人可能更倾向于在收入波动较低的地区生活，劳动收入波动如果和金融市场存在正相关的话，个人可能通过加大在金融市场的资产配置来对冲劳动收入风险，这可能导致风险规避和背景风险之间的关系负偏。然而由于我们得出的系数为正，即使存在上述两种机制，只能说明我们的系数是下边界（lower - bounded），去除这两种效应后的正向溢出将更为显著。后六列给出了使用工具变量法的结果，排除了内生性的影响后上述结论依然成立。

表 3-7　风险态度与财富的关系：考虑背景风险

	(1)	(2)	(3)	(4)	(5)	(6)	(7)	(8)	(9)	(10)	(11)	(12)
Log (wealth)	-0.0040*	—	—	-0.0032	—	—	-0.0185*	—	—	-0.0186	—	—
Log (consumption)	—	-0.0015	—	—	-0.0021	—	—	-0.0221	—	—	-0.0221	—
Log (wealth + income)	—	—	-0.0074*	—	—	-0.0046	—	—	-0.0173	—	—	-0.0173
GDP_i	0.0029*	0.0013	0.0021*	—	—	—	0.0029*	0.0012	0.0016*	—	—	—
LQC_i	—	—	—	0.0322*	0.0248*	0.0191*	—	—	—	0.0010*	0.0115*	0.0094*
人口特征	Yes	Yes	Yes	Yes	Yes	Yes	Yes	Yes	Yes	Yes	Yes	Yes
constant	-7.1614***	-7.1775***	-7.0760***	-7.1672***	-7.1776***	-7.1439***	-7.0008***	-6.9722***	-6.9993***	-6.9934***	-6.9760***	-6.9945***
Prob ($\beta = 1$)	0.000	0.000	0.000	0.000	0.000	0.000	0.000	0.000	0.000	0.000	0.000	0.000
IV	No	No	No	No	No	No	Yes	Yes	Yes	Yes	Yes	Yes
样本量	932	928	1071	932	928	1071	905	894	1027	905	894	1027

注：***、**、*分别表示回归系数的显著性水平为1%、5%、10%。

3.4　本章小结

对居民风险态度与财富之间关系的研究无论对于理论研究还是政策指导都具有十分重要的意义。本章通过利用有代表性的调查数据构建风险态度指标，实证地给出了投资者效用函数的证据，即投资者的风险态度服从递减的绝对风险厌恶以及递增的相对风险厌恶形式，从而拒绝了常用的 CARA 和 CRRA 效用函数。此外，以劳动收入波动为代表的背景风险和流动性约束的存在虽然不会改变效用函数的基本形式，但会显著地提高居民的风险厌恶水平。

本研究的重要性在于，实证证明了随着财富的上升，居民会增加配置风险资产，尽管风险资产占总资产的比例可能有所下降。也就是说，从风险态度这种本性（Nature）的角度，高财富的阶层具有占据收益较高的风险资产从而进一步拉开贫富差距的原因。财产性收入是合法的收入手段，理应受到保护，那么为了维护社会的平衡，政策的入手点可能应该集中在如何提高低财富居民投资风险资产的积极性，并为其提供相应的金融消费者保护措施上来。一个重要的方向就是鼓励居民通过机构投资者参与风险资产，一方面要求提高居民对机构投资者的认识和信赖程度，另一方面要求对机构投资者有更为严格和系统的规范化措施。社保基金的入市，就是其中重要的有里程碑意义的一步。

第4章　财富分布与家庭收入结构

随着我国经济实力和金融财富规模的增长，居民家庭的收入结构也在变化，财产性收入在国民收入中所占的地位越来越重要。财产性收入，指通过资本、技术等要素和管理等生产活动产生的收入，即家庭通过拥有动产（如银行存款、有价证券）、不动产（如房屋、车辆、收藏品等）和自有商业经营资产所获得的收入。由于金融市场的加速繁荣，财产性收入主要包括证券类资产的红利收入和资本的增值。

财产性收入与财富的总量和结构息息相关。金融市场的发展以及金融创新可能会使得普通居民家庭能够通过参与市场而降低社会财富不平等水平（陈志武，2003），但金融市场可能被一部分精通市场运作的参与者用来掠夺另一部分人的财富，反而会加剧社会贫富差距，减少金融创新带来的福利。这是因为金融市场往往有着较高的参与难度，不参与市场的居民无法分享创新带来的好处（Shiller，2003）。高财富家庭由于其经济实力和掌握的社会资源，使得他们的资产结构更为合理，能够获得较高的投资回报率。Piketty 在其畅销学术著作《21 世纪资本论》中强调，家庭越为富有的阶层，收入中资本性收入的比例就越大，所以利润、利息、红利等资本性收入是导致目前全球范围内财富分布日益集中的重要原因（Piketty，2014）。因而，研究财产性收入必须从一个社会的财富结构和居民持有的资产结构出发，不同的财产形态对应不同的财产性收入。

近年来，我国居民的财富不平等程度处在一个较高的水平，根据国家统计局 2013 年公布的数据，我国十年来的收入分配的基尼系数长期维持在 0.47 以上的高位，其中 2008 年达到峰值 0.491，2012 年全国居民收入基尼系数为 0.473。财富分布不均有着深刻的社会根源，比如房地产市场化及价格快速上涨、居民收入分配差异、家庭理财水平的差异、遗产和赠予传统等（史代敏和宋艳，2005；赵人伟等，2007）。尽管不平等在某种程度上有正面意义，比如能够给人以激励，但是极端的不平等现象会造成严重的社会问题。在金融制度是社会经济体制的核心内容之一的今天，社会财富结构不仅构成一个国家现阶段的阶层结构，也是决定居民财产性收入及未来财富增长的重要因素。

　　事实上，改革开放以来，在中国经济持续快速增长、金融市场迅速发展的同时，有两个事实需要引起研究者的重视。第一，我国居民家庭的资产组合仍呈现出以储蓄为主、风险资产占比低的特征，很多居民没有享受资本市场发展带来的好处，财产性收入比例较低；第二，城乡区域发展差距和居民收入分配差距较大、居民财富差距日益拉大的问题逐步凸显，甚至有研究表明，中国的金融发展非但没有缩小城乡居民收入差距，反而拉大了这种差距（叶志强等，2011；汪昌云，2008）。党的十八大报告提出，在全面建设小康社会的前进道路上还有不少困难和问题，突出表现为发展中不平衡、不协调、不可持续的问题；要深化收入分配制度改革，实现发展成果由人民共享。如果居民家庭的收入结构和居民的财富分布有关，那么我们有理由相信，完善金融市场，降低居民的参与成本，多样化资本投资渠道，可以从金融角度改善居民财富差距过大的局面，使更多的居民从资本投资中有获利的机会，使得金融市场真正起到分享社会进步成果，为"民生"服务的作用。

4.1　文献回顾

　　大量的研究显示，居民财富的分布呈现出厚尾、右偏以及高度不平均的特点，也就是少数的家庭拥有社会上的大部分财富（Bertaut 和 Starr – McCluer，2000）。劳动收入差距是财富差距的最主要原因，前人的研究也集中于此；相比之下，居民财富分布和收入结构之间的关系尚未引起足够重视。实际上，由于金融资产的回报和风险不同，不难想象家庭异质性的金融市场参与行为带来的收入对财富积累可能有重要的作用。目前尚无文章专门针对家庭收入结构和财富分布之间联系进行研究，然而考虑到金融市场的高速发展，本章认为这一课题具有重要的理论和政策意义。

一些文献记录了财富较高的家庭倾向于拥有更多的财产性收入，这些财产性收入可能来源于股票、房地产市场以及自有企业。实证研究发现，较为富有的家庭持有的投资组合里股票等风险金融资产所占比例明显高于其他家庭（Carroll，2002；吴卫星和齐天翔，2007）。Campbell（2006）发现，美国低财富家庭的资产以流动性资产和汽车为主，中等财富家庭以房产为主，高财富家庭则以股权为主。股票投资有着显著的风险溢价（Fama 和 French，2002）。由于金融市场摩擦，企业家获得的投资回报率收入也要高于居民储蓄（Quadrini，2000）。一些财产投资计划也能给投资者带来较高的回报率，例如美国的 401（k）计划（Chernozhukov 和 Hansen，2004）。

Venti 和 Wise（2001）分析了投资决策在资产积累中的作用，即劳动收入本身并不能完全解释居民家庭财富的分散程度，在收入总量相同的情况下，居民如何分配资产将会影响财富增长的速度，将资产投入风险资产的投资者的财产性收入更多，在一定时间后的财富总量大于保守的投资者。Campanale（2007）发现居民的财富分布要比收入分布更加集中，随着财富净值的增加，居民家庭投资组合中高收益资产的比例将提高，而财富的积累与较高的回报率之间有相互促进的作用。资产净值较低的居民家庭较少投资于收益率较高的股票市场，由此导致了贫富居民投资收益存在差异。这种差异将导致财富分布的不均，并能在一定程度上解释美国的基尼系数。Favilukis（2013）认为股票市场的繁荣使得富有的家庭收益更多，原因是这些家庭是市场参与者的可能性更大，因此导致了财富不平等程度的加剧。

龚刚和杨光（2010）对国民收入在工资、资本利得等之间的分配研究后认为，中国收入分配的不平等源自于利润所占比例越来越大。赵人伟等

（2005）对中国社会科学院经济研究所收入分配课题组 2002 年的家庭调查数据分析发现金融资产大大地高于总财产的基尼系数，说明金融资产的分布对总财产的分布有明显地扩大不均等程度的作用。陈彦斌（2008）从城乡财富分布出发，通过分析贫富差距特征和资产组合结构，发现高财富家庭的资产组合更加多元化，而中低财富家庭资产组合结构则较为单一。吴卫星等（2015）用资产历史收益率数据计算得到每个家庭投资组合的夏普率，财富（或净财富）越高，收入水平越高的家庭夏普率越高；高财富的家庭对金融市场参与的广度和深度更高，会加快其财富的积累，进而影响了家庭财富分布状况。

4.2　家庭财富对财产性收入占比的影响：实证分析

本章的样本数据来自奥尔多研究中心 2009 年对中国 5056 个家庭开展的"城镇居民经济状况与心态调查"（The Survey of Household Finances and Attitudes，SHFA）。调查采用问卷的方式，对包括北京、辽宁、河北、山西、山东、河南、江西、江苏、广东、海南、四川、甘肃在内的全国 12 个省或直辖市的家庭投资行为进行随机抽样。除了涵盖家庭的资产结构和家庭成员的人口特征，还详细地调查了家庭的收入结构。按照收入来源划分，调查将家庭收入分为劳动收入（即工资收入）、资本收入、经营收入和转移支付收入，在文中分别用 labor、capital、business 和 transfer 变量来描述。根据上文的分析，财产性收入即家庭通过拥有资本要素而获得的收入，以往的国内研究多将资本收入等同于财产性收入，如国家统计局城市司广东调查总队课题组等（2009）。然而国外文献一般将家庭的经营收入也归入财产性收入，这是由于经营收入也是通过家庭拥有资本而获得的收入（Campanale，2007；Piketty，2014）。因此在研究收入结构和财富分布的关系过程中，将狭义的财产性收入定义为资本收入（capital），广义的财产性收入（genecapital）包括资本收入和经营收入。

　　本章的财富变量（wealth）是指居民家庭拥有的所有资产的货币净值（net worth），即家庭总资产与总负债的差值。总资产变量（total asset）包括金融资产和非金融资产，前者包括现金、债券、股票、基金及其他金融产品，后者具体指土地、房产、生产性固定资产、耐用消费品等；总负债则主要包括住房和汽车贷款、教育贷款、商业借款以及信用卡债务等。要注意的是财富是一个存量概念，这里特指 2008 年末的状态；收入是指单位时间的流量，这里对应 2008 年全年。另外，文中使用的股票、基金和债券收益率的数据来自 Wind 数据库整理，房产收益数据来自国家统计局整理，无风险利率来自锐思数据库。

　　本章所用到的自变量包括：户主的年龄，用 age 表示；户主的性别，用 male 表示，男性取值为 1，女性取值为 0；户主的婚姻状况，用 married 表示，已婚取值为 1，其他为 0；教育程度，用 college 表示，大学本科及以上为 1，大学专科及以下为 0；家庭有未满十八岁的子女，用 children 表示，有则取值为 1，否则取值 0；风险态度变量：本章将风险态度分为 5 类，用 riskaverse 表示，问卷中很喜欢冒险、喜欢冒险一般取值为 1，不喜欢冒险、很不喜欢冒险取值 0；家庭所处地区是否为特大城市，用 metropolis 表示，家庭位于北京和广州的取值为 1，其他为 0；户主是否为专业人员的变量为 professional，户主为国家机关党群组织、企事业单位负责人、专业技术人员的取值为 1，其他为 0。

4.2.1　描述性统计

　　首先，我们对回归变量进行简单的描述性统计分析，结果如表 4 - 1 所示。可以看到，样本家庭总资产平均超过 50 万元，而年收入均值为 2.9 万元。受访家庭中，户主平均年龄为 50 岁，户主已婚并且为男性的家庭占大多数，有孩子的家庭占比为 41%。就教育程度而言，大学本科及以上学历约占 15%。约有 21% 的家庭户主从事的为专业程度较高的职业。6% 的被调查家庭位于经济最发达的特大型城市。2/3 的家庭是风险厌恶的。

对收入来源进行初步分类和统计可以看到，劳动收入占总收入的绝大部分，其次为养老金等转移收入。经营收入平均占家庭总收入的7.97%，而资本收入即狭义的财产性收入占比最小，仅为1.79%。经营收入和资本收入不仅占比小，而且呈现严重的右偏，两者的中位数均为0，而最大值分别为均值的68倍和240倍，远高于劳动收入最大平均值的14倍。

表4-1　　　　　　　　　　　　变量统计描述

变量	均值	中位数	标准差	最小值	最大值
资产特征					
Totalasset	501147	366282	561464	111	12614144
Wealth	498148	365157	560818	-82752	12614144
Income	28932	23979	20319	0	449827
Labor	18596	15362	18349	0	263076
Capital	519	0	3385	0	124797
Business	2307	0	9690	0	157713
Transfer	7510	2120	10643	0	132640
人口特征					
Age	50.18	49	12.84	20	94
Male	0.67	1	0.47	0	1
Married	0.91	1	0.29	0	1
College	0.15	0	0.36	0	1
Children	0.41	0	0.49	0	1
Riskaverse	0.67	1	0.47	0	1
Metropolis	0.06	0	0.24	0	1
Professional	0.21	0	0.41	0	1

表4-2描述了家庭收入结构和财富之间的相关关系。我们将样本数据按照财富水平从高到底平均九分组，并分别统计组内的收入平均值。从总量上来看，财富越高的家庭其收入也越高，这除了表现在总收入随着财富的增加而增加外，收入的各组成成分也基本表现为财富的增函数。为了研究收入结构的变动，我们分析狭义和广义财产性收入在收入中比重的变化。可以看到对于财富最少的一部分人，狭义财产性收入占收入的比重仅为1.16%，而财

富最高的一部分人这一比值达到 4. 27% 。广义财产性收入的变化更为明显，财富最高的家庭资本收入和经营收入的总和占收入的百分比平均达到21. 55% ，远高于其他分组。

表 4 – 2　　　　　　　　家庭收入结构（按财富分组）　　　　　单位：元，%

财富分组	1	2	3	4	5	6	7	8	9
Income	21078	19590	21548	23453	25548	28960	32181	36652	51460
按收入来源分类									
Labor	13397	11709	14315	13978	16154	18645	21324	24467	33425
Capital	156	302	210	420	240	424	525	972	1427
Business	1941	1455	1113	1873	1673	2027	2120	2796	5777
Transfer	5585	6124	5910	7183	7482	7865	8211	8416	10830
比率									
Capital/In	1. 16	2. 58	1. 47	3. 00	1. 49	2. 27	2. 46	3. 97	4. 27
C + B/In	15. 65	15. 01	9. 24	16. 40	11. 84	13. 15	12. 40	15. 40	21. 55

　　一个合理的推测是，财富较高的家庭不满足于把钱存入银行这种传统的投资方式，而是倾向于将财富投入股票等风险金融产品和房地产，或者利用积累的资本进行自有企业的经营，通过多种渠道进行理财。而低财富净值的家庭没有足够的资产或者不愿意进行这些投资，从而使得财产性收入处于较低水平。对此初步的验证可以通过衡量家庭的投资组合效率完成。夏普率是衡量投资组合有效性的一般指标，它通过计算投资组合单位风险获得的风险溢价来描述异质性家庭投资组合有效性的差异。我们利用吴卫星等（2015）的方法，通过各类资产的收益率市场数据和家庭持有资产的结构，计算每个家庭的资产加权夏普率，并统计与财富的关系，结果如表 4 – 3 所示。由于投资者资产结构数据为 2008 年末值，为稳健起见，分别使用 2003—2008 年和2003—2013 年市场收益率进行计算。可以看到，财富越高的家庭，他们所持有投资组合的夏普率更高。特别是 2003—2013 年阶段，由于 2008—2013 年国内股票市场和房地产市场经历了一次剧烈的下滑，而财产性收入容易受到股票、基金和房地产市场波动的影响，大部分家庭的平均夏普率为负值，只有

财富最高的两组因为承担风险获得了正收入。

表 4 – 3　　　　　　　　投资组合效率（按财富分组）

组合夏普 率均值	财富分组								
	1	2	3	4	5	6	7	8	9
2003. 01—2008. 12									
0. 1120	– 0. 0166	0. 0985	0. 1202	0. 1257	0. 1309	0. 1341	0. 1327	0. 1413	0. 1417
2003. 01—2013. 12									
– 0. 0780	– 0. 4588	– 0. 1260	– 0. 0555	– 0. 0460	– 0. 0177	– 0. 0108	– 0. 0214	0. 0049	0. 0115

　　为了分析财产性收入的来源，我们在表 4 – 4 中按广义财产性收入的高低平均分组，同样使用 2003—2008 年市场实际收益率结合样本数据中每个家庭每项资产计算每一类资产取得的实际收入。可以看到财产性收入来源主要集中于股票基金市场和房地产市场。其中由于房地产资金规模较大，且样本期间房地产市场高度繁荣，使得来自房地产的收入占据财产性收入的最大份额。房地产收入在各组间基本呈单调递增，财产性收入最高的家庭来自房地产的收入是财产性收入最低家庭的 1.6 倍。自有经营收入对于财产性收入最高的家庭尤为重要，是财产性收入最低家庭的 15 倍。用 2003—2013 年的收益率数据得到的是相似结论，在此不再赘述。

表 4 – 4　　　　实际收入来源分解（按广义财产性收入分组）

按财产性 收入分组	1	2	3	4	5	6	7	8	9
存款利息收入	– 332. 7	– 276. 4	– 312. 9	– 298. 8	– 339. 6	– 318. 5	– 343. 4	– 380. 4	– 431. 3
股票收入	71. 0	67. 1	58. 6	95. 1	68. 9	76. 8	162. 3	191. 8	196. 0
基金收入	304. 7	553. 1	336. 8	928. 7	410. 5	614. 6	989. 4	1027. 0	739. 1
债券收入	7. 73	2. 86	8. 17	5. 33	11. 1	14. 2	5. 90	24. 6	10. 6
房产收入	18355. 0	18696. 8	18512. 8	20621. 5	21425. 5	23739. 6	23258. 7	27391. 5	28463. 6
自有经营收入	53. 1	16. 2	29. 1	45. 7	14. 3	23. 3	49. 1	89. 6	812. 2

4.2.2　回归分析

在这一部分对收入结构和财富分布的关系以及影响居民收入结构的其他因素进行分析。我们主要用狭义和广义财产性收入总额以及其分别占家庭总收入的份额作为被解释变量表征收入结构。不难推测，收入结构与居民的财富积累和构成、投资能力和风险喜好以及面临的投资渠道的丰富程度、投资环境是否良好、法律保障是否完善等市场因素有关。为此建立以下四种模型：

$$
\begin{aligned}
capital_i =\ & \alpha_i + \beta_{1i} \times wealth_i + \beta_{2i} \times age_i + \beta_{3i} \times age_i^2 + \beta_{4i} \times male_i + \beta_{5i} \\
& \times married_i + \beta_{6i} \times college_i + \beta_{7i} \times children_i + \beta_{8i} \times riskaverse_i + \beta_{9i} \\
& \times professional_i + \beta_{10i} \times metropolis + \varepsilon_i
\end{aligned}
$$

$$（1）$$

$$
\begin{aligned}
genecapital_i =\ & \alpha_i + \beta_{1i} \times wealth_i + \beta_{2i} \times age_i + \beta_{3i} \times age_i^2 + \beta_{4i} \times male_i \\
& + \beta_{5i} \times married_i + \beta_{6i} \times college_i + \beta_{7i} \times children_i \\
& + \beta_{8i} \times riskaverse_i + \beta_{9i} \times professional_i + \beta_{10i} \times metropolis + \varepsilon_i
\end{aligned}
$$

$$（2）$$

$$
\begin{aligned}
capital\_share_i =\ & \alpha_i + \beta_{1i} \times wealth_i + \beta_{2i} \times age_i + \beta_{3i} \times age_i^2 + \beta_{4i} \times male_i + \beta_{5i} \\
& \times married_i + \beta_{6i} \times college_i + \beta_{7i} \times children_i + \beta_{8i} \\
& \times riskaverse_i + \beta_{9i} \times professional_i + \beta_{10i} \times metropolis + \varepsilon_i
\end{aligned}
$$

$$（3）$$

$$
\begin{aligned}
genecapital\_share_i =\ & \alpha_i + \beta_{1i} \times wealth_i + \beta_{2i} \times age_i + \beta_{3i} \times age_i^2 + \beta_{4i} \\
& \times male_i + \beta_{5i} \times married_i + \beta_{6i} \times college_i + \beta_{7i} \\
& \times children_i + \beta_{8i} \times riskaverse_i + \beta_{9i} \\
& \times professional_i + \beta_{10i} \times metropolis + \varepsilon_i
\end{aligned}
$$

$$（4）$$

由于并不是所有居民都拥有狭义和广义的财产性收入，因此我们使用 Tobit 模型来估计上述四式。回归结果如表 4 - 5 所示。

表 4 - 5　　　　　　　家庭收入结构与财富及其他因素的关系

模型 变量	(1) capital	(2) genecapital	(3) capital _ share	(4) genecapital _ share
wealth	0. 0023 ***	0. 0161 ***	2.43×10^{-8} **	2.18×10^{-7} ***
age	181. 12 **	148. 55 *	0. 0034 **	0. 0011 *
age2	- 2. 0080 **	- 4. 770 **	- 0. 0004 **	- 0. 0001 **
male	- 117. 69	1876. 58 **	- 0. 0020	0. 0441 **
married	548. 98	1278. 45	0. 0002	0. 0266
college	- 526. 41	- 5082. 89 ***	- 0. 0133	- 0. 1475 ***
children	389. 33 *	2542. 68 ***	0. 005	0. 0488 **
housevalue	0. 0007 *	0. 0098 ***	3.02×10^{-8} *	1.01×10^{-7} ***
riskaverse	- 555. 61 *	- 4497. 28 ***	- 0. 0106 *	- 0. 0993 ***
professional	1771. 11 ***	2424. 35 **	0. 0283 ***	0. 0812 ***
metropolis	2098. 41 ***	8913. 85 ***	0. 0418 ***	0. 2063 ***
constant	- 12800 ***	- 11434. 14 *	- 0. 2089 ***	- 0. 0934
样本量	5056	5056	5056	5056

注：*** $p < 0.01$，** $p < 0.05$，* $p < 0.1$。

（1）居民财富对收入结构的影响。

从表 4 - 5 可以看出，财富越高的家庭，其收入结构中狭义和广义财产性收入就越高，财产性收入占总收入的比重也越高，这种影响非常显著。财富较低的家庭的财产性收入总量少、比重低。这种效应在包含经营收入的广义财产性的模型中更为显著。这一结论再次论证了本章的主题，即财富越高的家庭从资本市场上获得的利益就越高。而财富低的家庭实际上通过低利润的储蓄手段，将收入"补贴"给了财富高的家庭。

（2）居民个人因素对收入结构的影响。

个人因素对收入结构也有影响。年龄对财产性收入和其占总收入的份额的影响是二次的，也就是说财产性收入随着居民年龄的增长而增长，但增长速度逐渐放缓。性别仅对包含经营收入的广义财产性收入有显著的正向影响，这可能是由于男性更倾向于自主创业或者拥有个人企业。婚姻对收入结构没有显著影响。教育对收入结构中财产性收入的多寡影响是负的，也就是说大学本科学历以上的居民的财产性收入反而倾向于较少，这与一般意义上认为知识能力较强的投资者能够获得更多的收益相悖。实际上，一方面学历本身并不能完全表征投资者的投资水平，另一方面学历较高的投资者可能更容易成为受雇佣的经理人获得薪酬收入，而非资本和经营收入。有孩子的家庭财产性收入更高。家庭资产中包括房产对收入结构中财产性收入有正面影响。而投资者的风险态度也有关键作用，风险厌恶的家庭财产性收入要显著较少。投资者的职业特点对收入结构的影响十分显著，职业为专业性较强的居民财产性收入和占比明显较高。

（3）市场环境因素对收入结构的影响。

财产性收入的获得依赖于国民经济的良性发展和国民财富的持续增长，也依赖于市场环境的完善、投资渠道的拓宽和投资者教育。我们用变量metropolis即被调查者是否住在北京或广州市（这是样本里唯一的两个特大型城市），并假定北京和广州的市场环境因素要好于其他的相对较小的城市。因此metropolis对财产性收入的影响应该是正面的。数据验证了这一结论，在模型（1）到模型（4）中，这一变量的回归系数都显著为正。而且，广义财产性收入的两个模型系数更大，这可能是由于在大城市进行商业投资更为容易。

（4）收入结构与财富的关系——基于分位点回归的分析。

分位点回归提供了研究财富对收入结构具体影响模式的方法，通过估计条件分位点方程而非条件均值方程，分位点回归能够分析财产收入分布上的不同位置受到财富的影响。我们估计以下四个模型：

$$Q_{capital_i}(q \mid wealth_i, Z_i) = \alpha_i(q) + \beta_i(q) \times wealth_i + \gamma_i(q) \times Z_i + \varepsilon_i \quad (5)$$

$$Q_{genecapital_i}(q \mid wealth_i, Z_i) = \alpha_i(q) + \beta_i(q) \times wealth_i + \gamma_i(q) \times Z_i + \varepsilon_i \quad (6)$$

$$Q_{capital\_share_i}(q \mid wealth_i, Z_i) = \alpha_i(q) + \beta_i(q) \times wealth_i + \gamma_i(q) \times Z_i + \varepsilon_i$$
$$(7)$$

$$Q_{genecapital\_share_i}(q \mid wealth_i, Z_i) = \alpha_i(q) + \beta_i(q) \times wealth_i + \gamma_i(q) \times Z_i + \varepsilon_i$$
$$(8)$$

其中，q表示估计的分位点，Z_i相当于模型（1）到模型（4）中除了财富之外的其他自变量，在此我们只关注财富的影响，其他变量的回归系数略去。回归结果如表 4 - 6 所示。

表 4 - 6   收入结构与财富的关系（分位点回归）

模型 变量	（5） capital	（6） genecapital	（7） capital _ share	（8） genecapital _ share
$q = 0.75$	0.00022 ***	0.00374 ***	4.64×10^{-9} ***	7.02×10^{-8} ***
$q = 0.8$	0.00025 ***	0.01279 ***	5.60×10^{-9} ***	2.49×10^{-7} ***
$q = 0.9$	0.00056 ***	0.03737 ***	1.28×10^{-8} *	4.13×10^{-7} ***
$q = 0.95$	0.00161 ***	0.05020 ***	1.93×10^{-8} **	4.07×10^{-7} ***
$q = 0.99$	0.00718 *	0.08774 *	4.16×10^{-8} *	2.42×10^{-7} ***

注：*** $p < 0.01$，** $p < 0.05$，* $p < 0.1$。

表 4 - 6 中的每一列表示在每个模型中分位点的取值，由于拥有财产性收入的家庭不到总体样本的一半，因此研究较高分位点才有意义。我们选择了 75%、80%、90%、95% 和 99% 五个分位点，分别代表财产性收入对应的分布位置。一个有趣的现象是，财富对于不同分位点的财产性收入影响是不同的，分位点越高，即收入结构中财产性收入的比例越大，财富的增加对财产性收入的正向影响就越大，对于四个模型都是如此。直观的解释是，对于收入结构偏财产性收入越多的家庭，财富的增加将会更促进其财产性收入占比的增加，也就是随着财富的累积，财产性收入的增加速度是递增的，原本财产性收入高的家庭会获得更高的财产性收入。这也验证了财富分布导致财产性收入分布不均，从而加速财富的集中。

4.3 本章小结

诺贝尔奖获得者罗伯特·席勒在其著作《Finance and the Good Society》中写道，"创造并推行金融创新是应对经济不平等的最佳策略""最重要的是对金融体系进行扩大化、民主化和人性化的改造，直到未来某一天各类金融机构在普通民众的生活中更常见，影响更积极"（Shiller，2012）。我们的研究表明，财富较高的家庭的收入结构与财富较低的家庭显著不同，表现在财产性收入无论在绝对值还是占总收入的份额上都显著更高。财富高的家庭通过资本市场获得的收益更多。

　　国家应当鼓励金融机构针对客户的不同资产情况提供全方位的理财产品，注重针对普通家庭特别是财富较少人群的理财业务。政府应鼓励低财富，低收入的家庭进入市场，在必要的时候也可以考虑通过社保基金等方式来代替居民家庭进行投资。另外，在鼓励居民参与金融市场的同时，政府更应通过规范市场秩序和完善制度建设，鼓励金融创新，提供更多可选择的金融产品等措施来提高居民的投资效益。采取相应措施，提高国民的金融理财素养，使得居民更多地参与金融市场加强信息披露制度，改善金融机构信息平台（例如网站和产品手册）的可读性；为投资者提供合适的破产投资期权以及鼓励对设计简明的金融产品进行税收补助。

第5章 居民家庭投资组合有效性：
基于夏普率的研究

5.1 居民家庭投资组合的有效性

家庭金融旨在研究家庭如何通过金融市场进行资源跨期优化配置。家庭资产组合的优化程度对家庭的财产性收入和财富积累有重要影响。金融市场的发展以及金融创新可能会使得普通居民家庭能够通过参与市场而减缓社会财富不平等程度扩大的进程（陈志武，2003），但也有学者注意到金融市场会被一部分精通市场运作的参与者作为工具用来掠夺另一部分人的财富，金融市场发展反而会加剧社会贫富差距（Campbell，2006）。

金融理论对家庭投资组合的规范性研究给出的是简洁明快的同质化建议，但是在实践中不同家庭的投资组合展示了惊人的异质性。传统的金融理论认为所有理性人都应该参与风险资产市场且持有相同的市场组合，但现实中的家庭投资组合千差万别。对此，学者们从背景风险（Heaton 和 Lucas，2000）、不对称信息（Jagannathan 和 Kocherlakota，1996；Cocco、Gomes 和 Maenhout，1998）、投资组合准则和期望效用函数（Heaton，1995；Campbell 和 Cochran，1999）等角度做出了针对不同行为的解释。在家庭投资组合有效性的研究方面，学者们也克服了种种困难，使模型预测更接近现实数据，从仅考虑一种风险资产（Cocco，2005）到考虑多种风险资产（Pellizion 和 Weber，2008），从只考虑流动资产到考虑房产、人力资本等非流动资产（Flavin 和 Yamashita，2002），在求解最优投资组合时，从简单的 CRRA 效用函数到考虑非流动资产风险对冲项的新效用函数（Pellizion 和 Weber，2009），这些研究逐步完善了投资组合理论在家庭金融领域的应用。

本章旨在从微观层面探讨中国家庭投资组合的有效性问题。在诸多与经典背离的典型事实下，学者们试图建立一套家庭金融领域的投资组合理论。居民家庭具有复杂的异质性特征，效用函数各不相同也不易观察，我们甚至无法得知家庭最优投资组合是否存在，也无法判断每个家庭是否理性地依据自身风险偏好进行资产配置。Pelizzon 和 Weber（2008）及 Flavin 和 Yamashita（2002）等在无法得到投资组合账户数据的情况下，采用指数替代的方式求得资产收益和方差协方差矩阵，据此构建投资组合有效前沿，来研究家庭投资组合的有效性问题。如果不采用传统的效用函数框架或者均值方差框架，能否从其他角度来研究家庭投资组合的有效性问题？本章尝试找寻一个有明确经济学含义但依然简洁的度量标准来衡量家庭投资组合的优化程度，希望这个标准可以用来比较不同特征家庭投资组合的优劣。在标准的金融学理论下，若所有投资者都面临已知且相同的服从正态分布的资产收益率时，如果考虑无风险资产，那么投资组合有效前沿为资本市场线，而其斜率即为夏普率，这样理性投资者所持投资组合的夏普率都相同。而在家庭投资组合存在巨大相异性的事实下，投资组合的夏普率必然不尽相同。夏普率在金融界常用来比较基金业绩，在家庭金融领域也有重要应用，如 Pelizzon 和 Weber（2009）利用夏普率的平方构建统计量，检验意大利居民家庭投资组合的有效性。Grinblatt 等（2011）用芬兰 2000 年年末家庭投资组合数据，证明了高 IQ 的投资者更倾向于参与股市，而且他们的夏普率也更高。Gourieroux 和 Monfort（2005）证明了夏普率直接和期望效用相关，这意味着夏普率除可以用来衡量投资组合表现之外，也可以在一定程度上反映投资组合的有效性。借鉴前人研究成果，本章采用夏普率作为衡量投资组合优劣的标准，并据此来研究投资组合有效性的群体性差异。

夏普率度量的是承担单位风险获得的超额收益，我们利用微观调查数据中家庭风险资产组合各资产的权重和资产的历史表现，计算每个家庭投资组合的夏普率，以考察家庭投资组合有效性是否呈现群体性差异。同时，风险资产市场的参与率在不同财富水平，收入水平或者人口特征变量的家庭间存在差别，那么这些影响参与率的变量是否也影响着家庭参与市场的效果和投资组合的有效性？其影响机制又是什么？本章将围绕这些问题展开讨论。

家庭投资组合有效性的研究对中国金融市场的发展和金融创新相关政策的制定有重要意义。金融市场发达与否的一个重要指标就是经济主体的金融市场参与度和投资决策的优化程度，居民家庭的资产配置会对未来的生活水平产生重大影响，而中国资本市场的不完备性导致居民家庭要想实现自身金融目标可能会非常困难。对家庭投资组合有效性的研究，在实践层面，有助于投资咨询人员根据居民家庭投资组合的异质性，针对性地提出投资建议，有效地优化投资组合；在政策层面，有助于政策制定者剖析金融制度改革的福利效应，提高市场效率，促进金融创新。

5.2　文献回顾

投资组合的有效性分析是投资组合管理的基石。Markowitz（1952）的经典投资组合理论认为理性投资者构建的投资组合应该在有效前沿上，其目标是在给定风险时，最大化期望收益，或者在给定收益时，最小化风险。但该理论建立在严格的假设条件下，包括投资者是单期投资、投资者事先知道投资收益率的概率分布并且收益率服从正态分布等。假设投资者的效用函数是二次的，投资者都是不知足和风险厌恶的以及遵循二阶随机占优，可以求出最优投资组合即为所有投资者都持有相同的风险资产组合——市场组合，投资者只需根据自身风险偏好来选择持有市场组合的数量。Samuelson（1969）和 Merton（1969）在此基础上，将单期拓展到多期，得出了类似的结论。后来学者对上述经典理论的假定做了逐一放松使模型更接近现实，而家庭资产配置理论正是在这样的背景下诞生的。现实中大量的经济人并没有参与风险资产投资，即使参与，他们的投资组合选择也是千差万别的，这种现象被称为"有限参与"和"投资组合相异性"之谜。复杂的现实使得家庭投资组合是否有效难以评判，对此国内外学者从不同角度进行了研究。

宏观层面，孔丹凤和吉野直行（2010）利用中国人民银行发布的金融资产年度数据，从宏观金融资产选择的视角分析 1992—2006 年中国家庭部门流量金融资产配置的特点，通过构建简化的线性效用函数，得出最优存款和债券持有量，并研究影响家庭资产配置的因素，发现家庭部门的金融资产选择行为对收入水平和部分金融资产风险反应敏感，但对各类资产收益反应均不敏感。秦丽（2007）通过研究利率市场化改革前后居民金融资产结构的变化，发现虽然居民风险意识大幅提高，资产结构开始优化，但储蓄存款占绝对优势的特征仍未改变，而且投资品种多样化的趋势十分缓慢。

家庭金融研究的一个重要难题是微观数据获得的困难性，这一方面是由于居民对自己金融数据的隐私保护，另一方面由于居民家庭账户众多，包括存款、债券、股票、基金等，就算居民愿意，可能也很难准确地描述自己的金融状况。所以从经验分析的角度来研究居民家庭投资组合起步相对较晚，而且投资组合账户数据的难以获得性也对评价投资组合的有效性带来了很大的挑战。现实中每个家庭持有的资产种类通常都比经典理论预测的要少得多，也很少会按照两基金分离定理去配置资产组合（Canner 等，1997），学者们在研究家庭投资组合时，通常只考虑家庭较常持有的资产种类，如股票、基金及债券等，并据此来考察投资组合的有效性。Gourieroux 和 Monfort（1999）研究认为只投资部分资产并不意味着投资组合是无效的，并提出在由常见的资产类别组成的子市场中，检验投资组合有效性的方法。Flavin 和 Yamashita（2002）利用 PSID 调查数据，构建在卖空限制下，包含国库券、国债和股票的投资组合有效前沿。而 Pelizzon 和 Weber（2008）的研究认为仅通过构建股票、债券等流动性风险资产的有效前沿来检验家庭投资组合有效性的方式是有偏的，因为这并没有考虑房产等非流动性资产。他们利用意大利家庭投资组合 1998 年的数据和所持资产（包括长期、中期和短期政府债，公司债和股票）1989—1998 年的收益数据构建投资组合有效前沿，发现若只考虑流动性资产，那么在持有风险资产的家庭中，45% 的家庭所持投资组合是有效的。而当将房产考虑到投资组合中时，投资组合的有效性明显降低，且此时持有组合为有效的家庭和之前未考虑房产时投资组合被认为有效的家庭大不相同。Grinblatt 等（2011）利用芬兰家庭调查数据和投资组合账户数据来研究不同智商（IQ）家庭的投资组合情况，发现 IQ 越高的家庭越倾向于参与股市，即使是在富有的家庭中也是如此。同时计算由共同基金和股票构成的家庭投资组合的夏普率，发现 IQ 越高的家庭，所持投资组合的夏普率越高，这为家庭投资组合的研究提供了一个新的视角。

国内已有文献大多从影响家庭资产组合选择的因素出发（史代敏和宋艳，2005；吴卫星和吕学梁，2013；雷晓燕和周月刚等，2010），从投资组合有效性角度的研究相对较少。陈彦斌（2008）从城乡财富分布出发，通过分析贫富差距特征和资产组合结构，发现高财富家庭的资产组合更加多元化，而中低财富家庭资产组合结构则较为单一，规避风险能力较弱，从投资组合分散化的角度间接研究了家庭投资组合有效性问题。

5.3　数据来源和检验方法

我们采用北京市奥尔多投资咨询中心发起的"投资者行为调查" 2009 年的数据。本次调查采用问卷的方式，对包括北京、辽宁、河北、山西、山东、河南、江西、江苏、广东、海南、四川、甘肃在内的全国 12 个省或直辖市的家庭投资行为进行随机抽样，数据总样本达到 5056 个，删除异常值及关键变量缺失的数据后，得到的样本个数为 4029 个。此处需要说明的是，问卷的调查时间是 2009 年，但调查问卷中的大多数问题涉及家庭 2008 年的情况，为了研究方便，我们认为样本数据代表家庭在 2008 年年末持有的投资组合。

本章采用夏普率来衡量投资组合有效性，旨在探寻不同特征家庭投资组合有效性的差异。这些不同特征可以是财富水平、收入水平、人口学特征及风险偏好等。首先用简单的统计分类方法来比较，但不同特征家庭投资组合夏普率是否存在显著差异还需通过回归进行分析。但金融市场有限参与现象已为众多文献所证实，下文将证明所使用样本也存在有限参与现象，为了解决选择性样本问题，采用 Heckman 两步法修正模型（Heckman，1979），以参与决策方程作为选择方程，回归方程即为夏普率对财富水平、收入和人口学特征变量等的回归。

第一步，参与决策方程。

$z_i^* = X_i'\gamma + u_i$，若 $z_i^* > 0$，则 $z_i = 1$。其中 X_i 为影响决策的变量，将在下文给出。

$$\mathrm{Prob}(z_i = 1 \mid X_i) = \Phi(X_i'\gamma)$$

$$\mathrm{Prob}(z_i = 0 \mid X_i) = 1 - \Phi(X_i'\gamma)$$

Φ 为标准正态分布的累积分布函数。

第二步，回归模型。

$sharpratio_i = Y_i'\beta + \varepsilon_i$，当 $z_i = 1$ 时，Y_i 为影响夏普率的变量。

假设 $(u_i, \varepsilon_i) \sim N(0, 0, 1, \sigma_\varepsilon, \rho)$，则有

$$E(sharpratio_i \mid z_i = 1, X_i, Y_i) = Y_i'\beta + \rho\sigma_\varepsilon\lambda(X_i'\gamma)$$

λ 为逆米尔斯比，$\lambda(X_i'\gamma) = \dfrac{\varphi(X_i'\gamma)}{\Phi(X_i'\gamma)}$，$\varphi$ 为标准正态分布的概率密度函数。

本章所用到的自变量有人口学特征变量、财富和收入水平变量、风险态度变量以及是否拥有房产虚拟变量。

人口学特征变量：居民的性别，用 gender 表示，男性取值为 1，女性取值为 0；户主的年龄，用 age 表示，代表实际年龄，age^2 代表年龄的平方；户主的婚姻状况，用 married 表示已婚，用虚拟变量来表示；健康状况，问卷将健康状况分成 5 类，分别为非常健康、很健康、一般、差、很差，这里将前三类定义为健康，赋值为 1，后两类定义为不健康，赋值为 0；教育程度，根据户主的受教育程度，分为未上过学、扫盲班、小学、初中、高中、中专、大

学专科、大学本科、研究生 9 类，为了研究方便，本章做了适当的归类，分为小学及以下、初中、高中及中专、大学专科、大学本科及以上五类，分别用虚拟变量 second、high、colle 和 ug 来表示后 4 类；家庭所处地区，根据"七五"计划对全国地区的划分，分为东部、中部和西部 3 类，东部地区包括北京市等 14 个省、市、区，中部地区包括山西省等 8 个省、市、区，西部地区包括四川省等 12 个省、市、区，分别用 zone1、zone2 和 zone3 等 3 个虚拟变量表示。

财富和收入水平变量：用家庭所持有的总资产来代表财富水平，用总资产减去总负债得到净财富值。为了避免量纲的影响，而且旨在研究不同特征家庭投资组合有效性的相对差异，所以我们引入虚拟变量，将财富平均分成 5 组，若家庭的财富落在某个组内，则赋值为 1，否则为 0。对于收入水平按照同样方法定义变量。

风险态度变量：将风险态度分为 5 类，用 riskaverse 表示，很喜欢冒险、喜欢冒险、一般、不喜欢冒险及很不喜欢冒险，分别用数字 1～5 表示。

表 5 - 1　　　　　　　　　　风险资产参与率和配置比率　　　　　　　单位：%

资产	参与率	配置比率
房产	95.41	71.61
股票	14.83	1.31
基金	12.92	0.75
债券	1.98	0.14
收藏品	1.39	0.12
外汇	0.89	0.05
期货	0.17	0.01
其他金融理财品	0.72	0.03

注：因其他资产的参与率和占比均很低故没有全部列出。

奥尔多投资咨询中心的调查问卷中家庭投资组合由 18 种资产构成，分别是现金、银行存款、股票、基金、债券、期货、外汇、住房公积金、保险金、收藏品、其他金融理财品、借出款、家庭经营活动、向企业投资、自有生产性固定资产、耐用消费品及房屋和其他资产。家庭对外汇、期货和收藏品等的参与率和占比均较低（见表5-1）。McCarthy（2004）按照风险等级将资产分成了3类，安全、相对安全和风险资产，其中风险资产包括房产、共同基金、股票、长期政府债和长期公司债和投资性房产等。参考这种做法，本章所考虑的家庭风险资产组合包括4种资产：房产、股票、债券和基金。

　　传统的金融理论认为理性的家庭应该将一定比例的财富投资于所有的风险资产，而有限参与则意味着并不是所有家庭都参与风险资产市场，虽然这里所考虑的风险资产组合包括房产，但在有限参与的定义上，遵从大多数文献的做法，如果不持有股票、基金和债券这3种流动性风险资产中的任何一种，我们即认为是不参与金融市场。

　　我们所考虑的风险资产组合里包括4种资产：股票、基金、债券和房产，根据调查数据我们可以计算出每一个家庭每一种风险资产占总资产的比重，要计算组合夏普率还需要知道这4种资产的收益率。由于缺乏账户数据，我们只能知道家庭是否持有某种资产，但并不知道具体的资产类别。比如说我们知道是否持有股票，但并不知道持有哪只股票。然而借鉴 Grinblatt 等（2011）和 Pelizzon 和 Weber（2008）的做法，我们以一种平均化的方式来计算各资产的收益率。Pelizzon 和 Weber（2008）在研究过程中通过指数替代的方式来构建投资组合有效前沿，而 Grinblatt 等（2011）虽然有芬兰家庭投资组合的账户数据，但采用 HEX 指数收益率来近似替代持有基金的收益。类似地，对于持有股票的收益，我们用上证指数和深证成指月收益按成交额加权的收益率来代替；持有基金的收益，我们用上证基金指数和深证基金指数按成交额加权的月收益率代替；持有债券的收益，我们用中证全债指数月收益率代替，因为中证全债指数能够综合反映银行间债券市场和沪深交易所债券市场的跨市场行情；而持有房产的收益，本章借鉴陈彦斌和邱圣哲（2011）的做法，用商品住宅销售总额除以商品住宅销售面积来得到房价序列，进而求得收益率。当得到各类资产的收益率序列后，我们就能够相应地得到各类资产的平均超额收益率和波动率，从而根据夏普率公式和每个家庭各项风险资产权重计算得到每个家庭投资组合的加权夏普率。

具体来看，我们认为奥尔多投资咨询中心 2009 年的调查数据显示的是家庭 2008 年的投资行为，假设调查数据中家庭所持有的投资组合时点为 2008 年末，用风险资产的历史表现来衡量现有投资组合的优劣，选择的时间区间是 2003 年 2 月到 2008 年 12 月（因为中证全债指数从 2003 年才开始编制）。经济学主流理论认为经济以周期性规律运行，并将其划分为 4 个阶段：复苏、繁荣、衰退和萧条。曾铮（2008）应用 GDP 增长率研究中国经济运行的周期性规律，并对中国 1952—2006 年的经济周期做了详细的划分。中国金融市场的运行同样存在明显的周期性（赵鹏和曾剑云，2008；饶为民和王三兴，2010），且和经济周期存在很强的相关性（田俊刚和梁红漫，2008）。由此，如果将居民家庭投资组合置于周期性运行的金融市场中来评价，投资组合有效性的群体性差异是否依然显著？这里截取 2003 年 2 月到 2013 年 12 月这个时间区间，因为在这段区间内，中国经济的发展呈现出明显的周期性（以 GDP 增长率来衡量），同时以股市为代表的金融市场在这区间经历了一个比较完整的周期（以上证指数来衡量）。

股票、基金和债券收益率的数据来自 Wind 数据库整理，房产收益数据来自国家统计局整理，无风险利率来自锐思数据库。

5.4 实证分析

5.4.1 均值分析

我们对回归变量进行简单的描述性统计分析，结果如表 5 - 2 所示。可以看到，样本家庭总资产平均超过 54 万元，而年收入均值为 2.9 万元。同时受访家庭中，户主已婚并且健康状况良好的家庭占大多数。就教育程度而言，大学专科及以上学历约占 35%，高中及中专学历占 32%，初中及以下学历占 33%，分布相对均匀。所选样本中有孩子的家庭占比为 68%，户主平均年龄为 50 岁，户主为男性的家庭超过半数。风险态度变量均值为 3.7，意味着家庭风险厌恶程度相对较高。东部地区的家庭约占总体样本的 67%。

表 5-2　　　　　　　　　　变量的描述性统计

变量	均值	中位数	标准差	最小值	最大值	偏度	峰度
totalasset	5.456×10^5	4.101×10^5	5.892×10^5	110.58	1.261×10^7	6.245	82.063
income	2.903×10^4	24355	19742.3	0	449826.7	4.324	61.433
married	0.912	1	0.283	0	1	-2.906	9.446
health	0.934	1	0.248	0	1	-3.503	13.274
second	0.262	0	0.440	0	1	1.080	2.167
high	0.323	0	0.468	0	1	0.757	1.574
colle	0.196	0	0.397	0	1	1.531	3.344
ug	0.154	0	0.361	0	1	1.913	4.660
child	0.682	1	0.466	0	1	-0.782	1.611
age	50.282	49	12.721	20	94	0.401	2.638
gender	0.661	1	0.474	0	1	-0.679	1.461
riskaverse	3.744	4	0.727	1	5	-0.365	3.307
realestate_d	0.954	1	0.209	0	1	-4.339	19.827
zone1	0.668	1	0.471	0	1	-0.713	1.508
zone2	0.190	0	0.393	0	1	1.577	3.488
zone3	0.142	0	0.349	0	1	2.055	5.221

　　有限参与之谜已被众多研究证实，本章所选用的数据也显示出这一现象的存在，居民风险市场参与率仅为 23%。进一步地，如表 5-3 所示，财富高的家庭流动性风险金融资产的参与率随着财富的增加而增加，对于收入水平也是如此。从人口特征变量来看，随着教育程度的增加，家庭的参与率也增加了。另外，已婚、拥有孩子和健康的家庭风险资产参与率也相对更高。东部家庭的参与率要高于其他两个地区。而年龄对参与率的影响呈现先增后减的典型钟形态势，描述性统计的结果与已有的研究结论一致。

　　表 5-3 也显示了家庭投资组合夏普率的均值情况，从中我们可以看到，财富越高的家庭，他们所持有投资组合的夏普率也越高，对于收入水平也呈现同样的规律。随着年龄的增长，夏普率呈现先升后降的钟形，和年龄对参与率的影响相同。教育程度越高的家庭，夏普率越高。另外位于东部地区、已婚、户主为女性、健康和有孩子的家庭所持投资组合的夏普率相对更高。

表 5 – 3　　按财富、收入和人口特征变量分类的平均夏普率和参与率　　单位：%

变量	夏普率	参与率	变量	夏普率	参与率
totalasset _1	0.007	10.92	*second*	0.009	15.14
totalasset _2	0.009	16.75	*high*	0.012	22.06
totalasset _3	0.013	23.98	*colle*	0.019	34.68
totalasset _4	0.016	30.02	*ug*	0.020	36.50
totalasset _5	0.021	38.21	*married* _1	0.014	25.04
income _1	0.004	7.94	*married* _0	0.007	12.96
income _2	0.010	18.61	*gender* _1	0.012	23.18
income _3	0.014	26.09	*gender* _0	0.014	25.53
income _4	0.015	28.41	*age* _1	0.015	29.03
income _5	0.021	38.83	*age* _2	0.016	29.16
child _1	0.014	24.96	*age* _3	0.013	24.47
child _0	0.012	21.86	*age* _4	0.012	21.96
*zone*1	0.014	24.90	*age* _5	0.009	15.26
*zone*2	0.013	22.16	*health* _1	0.014	24.73
*zone*3	0.011	22.07	*health* _0	0.008	13.21

表 5 – 4 是风险资产组合中各项资产的夏普率和相关关系，我们看到基金和债券具有较高的夏普率，而股票的表现最差，单从夏普率来看，家庭应该更多地参与流动性风险资产市场。从夏普率的相关关系看，房产和基金、债券呈现负相关关系，与股票正相关，但相关关系均较弱。股票和基金具有很强的联动性，但基金的夏普率却显著高于股票，这是由于股票具有较高的波动率风险。债券与其他 3 种资产呈现弱负相关关系，这虽然有助于提高投资组合夏普率，但毕竟债券占比较低，无法对整个投资组合的夏普率产生实质性影响，当然更加翔实可靠的结论还需通过回归来得到。

表 5 – 4　　　　　　　　　各种资产夏普率和相关关系

资产	夏普率	股票	基金	债券	房产
股票	0.0092	1.0000			
基金	0.1109	0.8579	1.0000		
债券	0.0112	− 0.0363	− 0.0608	1.0000	
房产	0.0459	0.0464	− 0.0322	− 0.0307	1.0000

5.4.2 回归分析

为了进一步考察夏普率的影响因素，我们用 Heckman 两步法做回归分析，结果如表 5-5 所示。

表 5-5　　　　　　　　　　Heckman 两步法回归

变量	(1) sharperatio	(2) participation	(3) sharperatio	(4) participation
totalasset_2	0.0026	0.0891	0.0031 *	0.0963
	[0.2423]	[0.3083]	[0.0873]	[0.2743]
totalasset_3	0.0069 ***	0.2704 ***	0.0068 ***	0.2906 ***
	[0.0019]	[0.0020]	[0.0002]	[0.0010]
totalasset_4	0.0086 ***	0.3390 ***	0.0083 ***	0.3567 ***
	[0.0002]	[0.0002]	[0.0000]	[0.0001]
totalasset_5	0.0114 ***	0.5049 ***	0.0104 ***	0.5268 ***
	[0.0000]	[0.0000]	[0.0000]	[0.0000]
income_2	0.0099 ***	0.4214 ***	0.0075 ***	0.4165 ***
	[0.0000]	[0.0000]	[0.0000]	[0.0000]
income_3	0.0121 ***	0.5090 ***	0.0091 ***	0.5112 ***
	[0.0000]	[0.0000]	[0.0000]	[0.0000]
income_4	0.0106 ***	0.4692 ***	0.0076 ***	0.4775 ***
	[0.0000]	[0.0000]	[0.0000]	[0.0000]
income_5	0.0148 ***	0.5975 ***	0.0113 ***	0.6011 ***
	[0.0000]	[0.0000]	[0.0000]	[0.0000]
married	0.0079 ***	0.3064 ***	0.0063 ***	0.3058 ***
	[0.0014]	[0.0018]	[0.0015]	[0.0020]
health	0.0022	0.0851	0.0011	0.0836
	[0.4235]	[0.4282]	[0.6111]	[0.4378]
second	0.0091 **	0.3708 ***	0.0063 **	0.3694 ***
	[0.0107]	[0.0072]	[0.0279]	[0.0075]
high	0.0111 ***	0.5000 ***	0.0077 ***	0.5019 ***
	[0.0015]	[0.0002]	[0.0069]	[0.0002]

续表

变量	（1）	（2）	（3）	（4）
	sharperatio	participation	sharperatio	participation
colle	0.0163 ***	0.6920 ***	0.0116 ***	0.6967 ***
	[0.0000]	[0.0000]	[0.0001]	[0.0000]
ug	0.0157 ***	0.6932 ***	0.0111 ***	0.6954 ***
	[0.0000]	[0.0000]	[0.0002]	[0.0000]
child	-0.0008	-0.0178	-0.0006	-0.0216
	[0.5407]	[0.7288]	[0.5784]	[0.6748]
age	0.0021	0.0537	0.0012	0.0428
	[0.5167]	[0.6754]	[0.6481]	[0.7397]
age2	-0.0002	-0.0071	-0.0001	-0.0062
	[0.5124]	[0.5631]	[0.6157]	[0.6148]
gender	-0.0044 ***	-0.1576 ***	-0.0035 ***	-0.1521 ***
	[0.0002]	[0.0010]	[0.0002]	[0.0016]
riskaverse	-0.0050 ***	-0.2240 ***	-0.0036 ***	-0.2345 ***
	[0.0000]	[0.0000]	[0.0000]	[0.0000]
realestate_d	0.0101 ***	-0.6361 ***	0.0166 ***	-0.6434 ***
	[0.0013]	[0.0000]	[0.0000]	[0.0000]
zone1	0.0012	-0.0097	0.0012	-0.0250
	[0.4718]	[0.8887]	[0.3813]	[0.7189]
zone2	0.0065 ***	0.1800 **	0.0053 ***	0.1604 **
	[0.0011]	[0.0259]	[0.0010]	[0.0485]
常数项	-0.0088	-0.9189 **	-0.0076	-0.8311 **
	[0.3635]	[0.0177]	[0.3294]	[0.0326]
样本数	4029	4029	4029	4029

注：***、**、* 分别表示回归系数在 1%、5%、10% 的置信水平下显著。列 1、列 2 是 2003—2008 年收益率数据回归结果，列 3、列 4 为 2003—2013 年收益率数据回归结果。

表 5-5 显示的是用股票、基金、债券和房产这 4 种资产历史收益率数据计算出的夏普率作为因变量，从而比较家庭现有投资组合优劣的结果，样本容量为 4029 个，逆米尔斯比均显著，说明样本确实存在选择性偏差。第 2 列和第 4 列是参与决策方程回归结果，第 1 列和第 3 列是 Heckman 第二步回归

结果。

从参与决策方程来看，财富、收入水平和人口学特征变量都是影响参与率的显著因素。财富和收入水平越高的家庭越倾向于参与风险金融资产市场，他们有更多可支配资金，所受流动性约束较小。风险偏好变量系数显著为负，说明越厌恶风险的家庭，参与程度越低。人口学特征变量方面，户主的教育程度越高的家庭参与倾向越高，教育程度的高低关系到投资者对市场信息的消化吸收和处理能力，教育程度高的家庭获取信息的渠道更广泛，也具有更强的信息辨别能力。户主已婚的家庭市场参与倾向显著更高，因为已婚的家庭在作投资决策时能够获取更充分的信息，且决策失误的后果由两个人共担，降低了风险厌恶程度，能够增加这类家庭投资的积极性。性别变量系数显著为负，也就是说男性参与倾向更低，这与我们通常所说的男性比女性更为自信，从而更积极地参与风险资产市场相悖，当然这也可能是由于户主不是主要的家庭金融决策者造成的。而年龄、健康和是否有孩子变量系数均不显著，这说明家庭的市场参与并没有呈现出明显的年龄特征，健康状况和是否有孩子对投资决策没有显著影响。是否持有房产虚拟变量系数显著为负，意味着持有房产的家庭参与倾向更低，房产确实对流动性风险资产的投资产生挤出效应。而从地域角度来看，中部家庭的参与率相对西部而言更大一些。

第1列和第3列的结果类似，财富水平高的家庭所持投资组合的夏普率明显高于财富水平低的家庭，这意味着以资产的历史表现来看，财富高的家庭在配置风险资产组合的时候，选择的结果是相对更优的，而从收入水平我们可以看到同样的规律。从这个层面看，财富高和收入高的家庭选择的投资组合也许并不是最优的，但相对于其他家庭来说更为理性。我们可以认为这部分家庭受到的流动性约束较小，资产配置能力更强，投资组合更为有效。

人口学特征方面，户主已婚和教育程度高的家庭夏普率明显更高，而户主为男性的家庭其投资组合有效性更低。除此之外，家庭投资组合的有效性在不同年龄、健康状况或者是否拥有孩子的家庭间并没有明显的区别，虽然从平均意义上看，有孩子和户主健康的家庭夏普率更高。另外不同家庭之间若按户主年龄大小排序，夏普率先升后降，但影响并不显著。

另外，风险厌恶程度的高低影响着家庭参与程度的同时，也影响着家庭参与的效果，从表5－5我们看到，风险厌恶程度越高的家庭投资组合夏普率越低，参与效果越差。房产虚拟变量系数显著为正，说明持有房产的家庭配置的投资组合具有相对更高的夏普率和资产配置效率。结合参与决策方程结果，我们看到房产通过挤出效应影响家庭的参与决策的同时也影响了家庭的资产配置效率，使投资组合更为有效。从地区上来看，中部地区的家庭投资更为有效。

金融市场往往以周期性规律不断运行，如果将家庭投资组合置于具有这样特征的市场中来评价，能否得到和上文类似的结论呢？我们选用4种风险资产在2003—2013年的收益率数据计算夏普率，回归结果如表5－5后两列所示，我们看到结果和前两列类似，这意味着家庭投资组合有效性的群体性差异具有一定的稳定性。

本章用总资产来表示总财富作为自变量引入模型中，总资产中包含了房产。房产是家庭财产的重要组成部分，随着信贷市场的发展，大部分家庭都是通过抵押贷款的方式来购买房产，即便如此，也有研究表明持有房产的家庭与未持有的家庭相比具有显著更高的净财富（吴卫星和齐天翔，2007），在所用样本中，持有房产的家庭平均净财富要比未持有的家庭高出6倍以上。另外，也有很多家庭通过分期付款来购买耐用消费品甚至是借债投资流动性风险资产市场，那么总资产规模大的家庭有可能是靠负债来支撑的，为了排除这种可能性，我们使用净财富代替总财富重新分析。

如表5－6所示，将上文的总财富换成净财富再进行Heckman两步法回归，我们得到与表5－5类似的结果。从表5－6可以看到，净财富低的家庭对流动风险资产的参与较低，同时它们持有的风险投资组合的夏普率也较低，投资组合更为无效。

综合上文的检验结果，我们得出这样的结论：财富和收入水平高、教育程度高、户主为女性、已婚、拥有房产和风险厌恶程度较低的中部地区家庭所持投资组合具有显著更高的夏普率，投资组合更为有效。对比 Heckman 两步回归方程，我们发现家庭财富和收入水平、婚姻状况等人口学变量，是否拥有房产和风险态度这些显著影响参与的变量，也显著影响着家庭投资组合的夏普率，而且方向基本一致。从财富和收入水平来看，富裕的家庭有更多闲置的资金，支付参与市场所需费用的同时，更低的流动性约束，能够使它们更好地配置资产，根据自身偏好选择投资组合，所以这类家庭的投资组合有效性相对更高。已婚和教育程度高的家庭信息渠道相对更广，促使其参与市场，而在作投资决策时能够获取更充分的信息，配置更为有效的投资组合。如果从风险偏好角度来解释，财富、收入、婚姻状况和房产等变量都会影响家庭的风险承受能力（史代敏和宋艳，2005），而风险承受能力差的家庭参与意愿低，参与的效果也随之受到影响。但回归方程中风险态度变量系数显著为负，意味着上述变量除了通过影响风险态度来作用于夏普率之外，还有各自影响夏普率的渠道。

表 5 - 6   Heckman 两步法回归——以净财富代替财富

变量	(1)	(2)	(3)	(4)
	sharperatio	*participation*	*sharperatio*	*participation*
netwealth _ 2	0. 0030	0. 1083	0. 0033 *	0. 1160
	[0. 1693]	[0. 2143]	[0. 0623]	[0. 1865]
netwealth _ 3	0. 0068 ***	0. 2665 ***	0. 0066 ***	0. 2868 ***
	[0. 0021]	[0. 0023]	[0. 0002]	[0. 0011]
netwealth _ 4	0. 0089 ***	0. 3530 ***	0. 0085 ***	0. 3702 ***
	[0. 0001]	[0. 0001]	[0. 0000]	[0. 0000]
netwealth _ 5	0. 0116 ***	0. 5111 ***	0. 0104 ***	0. 5323 ***
	[0. 0000]	[0. 0000]	[0. 0000]	[0. 0000]
income _ 2	0. 0099 ***	0. 4221 ***	0. 0075 ***	0. 4176 ***
	[0. 0000]	[0. 0000]	[0. 0000]	[0. 0000]
income _ 3	0. 0121 ***	0. 5105 ***	0. 0091 ***	0. 5129 ***
	[0. 0000]	[0. 0000]	[0. 0000]	[0. 0000]

续表

变量	（1）		（3）	（4）
	sharperatio	participation	sharperatio	participation
income_4	0. 0106 ***	0. 4716 ***	0. 0077 ***	0. 4804 ***
	[0. 0000]	[0. 0000]	[0. 0000]	[0. 0000]
income_5	0. 0149 ***	0. 6000 ***	0. 0113 ***	0. 6044 ***
	[0. 0000]	[0. 0000]	[0. 0000]	[0. 0000]
married	0. 0079 ***	0. 3033 ***	0. 0062 ***	0. 3024 ***
	[0. 0015]	[0. 0020]	[0. 0017]	[0. 0022]
health	0. 0021	0. 0843	0. 0011	0. 0830
	[0. 4277]	[0. 4321]	[0. 6173]	[0. 4411]
second	0. 0090 **	0. 3704 ***	0. 0063 **	0. 3688 ***
	[0. 0108]	[0. 0072]	[0. 0280]	[0. 0076]
high	0. 0112 ***	0. 5007 ***	0. 0077 ***	0. 5026 ***
	[0. 0015]	[0. 0002]	[0. 0068]	[0. 0002]
colle	0. 0163 ***	0. 6908 ***	0. 0116 ***	0. 6956 ***
	[0. 0000]	[0. 0000]	[0. 0001]	[0. 0000]
ug	0. 0157 ***	0. 6921 ***	0. 0110 ***	0. 6941 ***
	[0. 0000]	[0. 0000]	[0. 0002]	[0. 0000]
child	− 0. 0008	− 0. 0190	− 0. 0006	− 0. 0229
	[0. 5323]	[0. 7111]	[0. 5689]	[0. 6565]
age	0. 0021	0. 0537	0. 0012	0. 0428
	[0. 5120]	[0. 6754]	[0. 6427]	[0. 7395]
age2	− 0. 0002	− 0. 0072	− 0. 0001	− 0. 0063
	[0. 5055]	[0. 5598]	[0. 6086]	[0. 6108]
gender	− 0. 0044 ***	− 0. 1572 ***	− 0. 0035 ***	− 0. 1516 ***
	[0. 0002]	[0. 0010]	[0. 0002]	[0. 0016]
riskaverse	− 0. 0050 ***	− 0. 2239 ***	− 0. 0036 ***	− 0. 2344 ***
	[0. 0000]	[0. 0000]	[0. 0000]	[0. 0000]
realestate_d	0. 0099 ***	− 0. 6413 ***	0. 0165 ***	− 0. 6485 ***
	[0. 0015]	[0. 0000]	[0. 0000]	[0. 0000]
zone1	0. 0011	− 0. 0146	0. 0011	− 0. 0301
	[0. 5194]	[0. 8330]	[0. 4254]	[0. 6651]

续表

变量	(1)	(2)	(3)	(4)
	sharperatio	*participation*	*sharperatio*	*participation*
zone2	0.0064 ***	0.1757 **	0.0051 ***	0.1559 *
	[0.0013]	[0.0296]	[0.0013]	[0.0551]
常数项	− 0.0087	− 0.9124 **	− 0.0075	− 0.8244 **
	[0.3700]	[0.0185]	[0.3377]	[0.0340]
样本数	4029	4029	4029	4029

注：***、**、* 分别表示回归系数在1%、5%、10%的置信水平下显著。列1、列2是2003—2008年收益率数据回归结果，列3、列4为2003—2013年收益率数据回归结果。

已有研究发现有限参与对家庭财富水平会产生影响（Campanale，2007；Campbell，2006；肖争艳和刘凯，2012；Favilukis，2012）。当流动风险资产的参与在不同财富家庭之间存在显著区别时，我们以夏普率衡量的投资组合有效性发现，高财富水平家庭持有的投资组合明显优于低财富家庭，这反过来又会使高财富水平家庭增加对金融市场参与的广度和深度，加快财富的积累。因此居民的市场参与行为可能通过影响投资组合的有效性进而影响家庭财富水平，从而影响整个社会的财富分布，这是留待以后研究的方向。

5.5 稳健性检验

根据上文分析的结果可以看出，财富和收入水平高的家庭持有的风险资产组合具有更高的夏普率，是相对更有效的选择。在研究中我们使用的是2008年年末家庭投资组合的数据。为了进行稳健性检验，本部分我们采用2005年、2007年、2009年、2012年奥尔多投资咨询中心发起的"投资者行为调查"数据，据此构建池数据，对结果进行检验。

我们由表5-7看到，参与方程和第四部分结果基本一致。总财富和收入水平对夏普率的影响依然显著为正。健康变量对参与和夏普率都有显著正向影响。教育水平变量显著性发生了变化，但总体来说，大部分影响变量的显著性基本保持了稳定，从这点看，本章的结论是相对稳健的。

表 5 - 7 　　　　　　　　Heckman 两步法回归——采用池数据

变量	(1)	(2)
	sharperatio	*participation*
totalasset _ 2	0. 0195 ***	0. 6743 ***
	[0. 0000]	[0. 0000]
totalasset _ 3	0. 0222 ***	0. 7687 ***
	[0. 0000]	[0. 0000]
totalasset _ 4	0. 0266 ***	0. 9432 ***
	[0. 0000]	[0. 0000]
totalasset _ 5	0. 0320 ***	1. 1458 ***
	[0. 0000]	[0. 0000]
income _ 2	0. 0054 ***	0. 2226 ***
	[0. 0005]	[0. 0000]
income _ 3	0. 0086 ***	0. 3290 ***
	[0. 0000]	[0. 0000]
income _ 4	0. 0119 ***	0. 4415 ***
	[0. 0000]	[0. 0000]
income _ 5	0. 0106 ***	0. 4376 ***
	[0. 0000]	[0. 0000]
married	- 0. 0006	0. 0146
	[0. 5220]	[0. 6366]
health	0. 0066 ***	0. 2028 ***
	[0. 0000]	[0. 0000]
second	- 0. 0037 **	- 0. 1392 **
	[0. 0339]	[0. 0185]
high	0. 0008	0. 0292
	[0. 6460]	[0. 6015]
colle	0. 0040 **	0. 1238 **
	[0. 0202]	[0. 0322]
ug	0. 0049 ***	0. 1389 **
	[0. 0045]	[0. 0175]

续表

变量	(1)	(2)
	sharperatio	*participation*
age	0.0001	0.0024
	[0.4649]	[0.7028]
age2	−0.0000	−0.0001
	[0.2853]	[0.2934]
gender	−0.0026 ***	−0.0918 ***
	[0.0035]	[0.0022]
realestate _d	0.0064 ***	−0.9266 ***
	[0.0000]	[0.0000]
常数项	−0.0222 ***	−0.9278 ***
	[0.0000]	[0.0000]
样本数	9327	9327

注：***、**、* 分别表示回归系数在 1%、5%、10% 的置信水平下显著。表中数据为基于 2003—2013 年收益率数据的回归结果。

5.6　本章小结

本章运用奥尔多投资咨询中心 2009 年家庭投资行为的调查数据，从投资组合的有效性角度展开对家庭资产配置的研究。与传统的通过构建投资组合有效前沿或者借助效用函数的研究方法不同，受 Grinblatt 等（2011）的启发，用夏普率作为一个度量标准，来衡量投资组合有效性。采用 Heckman 两步法做回归分析，我们发现投资组合有效性存在群体性差异，具体结论有以下三点：

第一，金融市场普遍存在有限参与现象，财富和收入水平高，户主为女性和已婚，教育程度高的家庭更倾向于参与风险资产市场，这可以从参与成本、流动性约束、风险承受能力和信息处理能力等方面来解释原因。

第二，用资产历史收益率数据，并考虑房产收益和其他流动性金融资产收益的相关性，我们计算得到每个家庭投资组合的夏普率。回归方程结果显示，持有房产的家庭对流动性风险资产的参与倾向更低，但夏普率却显著更高，投资组合更为有效；财富（或净财富）越高，收入水平越高的家庭夏普率越高；户主为女性、已婚和教育程度更高的家庭持有的投资组合有效性更高；越厌恶风险的家庭，投资组合有效性越低。如果家庭投资组合置于具有周期性运行规律的金融市场中来评价，我们得到同样的结论。

第三，财富、收入、婚姻状况、教育程度、性别和房产持有情况等显著影响市场参与的变量也显著地影响家庭投资组合的夏普率，而且方向基本一致。高财富的家庭更倾向于参与金融市场，同时他们所持投资组合明显优于低财富家庭。直觉上，高财富的家庭对金融市场参与的广度和深度更高，会加快他们的财富的积累，进而影响了家庭财富分布状况。

研究发现，低收入和低财富的家庭不仅市场参与率低，而且即使参与风险资产市场，其投资组合的有效性也更低，降低了财富的积累。中国居民参与金融市场的热情虽然在近几年有所提高，但参与比例仍然较低，而且参与效果较差。党的十八大报告提出"多渠道增加居民财产性收入"的工作目标，为此，政府应鼓励低财富，低收入的家庭进入市场，在必要的时候也可以考虑通过社保基金等方式来代替居民家庭进行投资。另外，在鼓励居民参与金融市场的同时，政府更应通过规范市场秩序和完善制度建设，鼓励金融创新，提供更多可选择的金融产品等措施来提高居民的投资收益。当然，金融创新是一把"双刃剑"，政府应该鼓励能够普惠于所有家庭的创新行为，而不是让金融创新成为一部分人利用他人投资组合优化程度不足侵害大众利益而获利的工具。

第6章 家庭投资组合，资产收益与财富不平等

6.1 引言

居民财富的不平等不仅关系着社会的和谐稳定，还对消费、投资等宏观经济变量有着重要影响（Bardhan 等，2000），因此一直是研究者关注的重要课题。世界范围内由于不平等问题所引发的经济和社会矛盾自 2008 年国际金融危机爆发之后显得尤为突出，财富集中在少数人手中，而大量劳动力收入相对极低，生活水平停滞乃至倒退。2011 年美国"占领华尔街"运动中打出的"99% 与 1%"标语就是这一现象的真实写照。贫富差距也是我国社会当前的突出问题。2013 年国家统计局公布了我国十年来的基尼系数，其中 2013 年这一数据为 0.473，即使不考虑各方对于该数据可能低估的质疑，我国居民的财富不平等程度仍处在一个较高的水平。近来法国教授 Piketty 的著作《21世纪资本论》引起各方的热烈讨论（Piketty，2014），其核心观点是，由于资本性收入的分配比劳动收入更加不平等，越富裕的阶层的收入中资本性收入的比例就越大，所以利润、利息、红利等资本性收入是导致目前全球范围内财富分布日益集中的重要原因，威胁社会的流动性。

在这之前对财富分布不平等产生原因的研究大体可以分为三类：劳动收入差异、储蓄和财富继承（Smith，2001）。对财富不平等研究最多的原因是

收入差异。Castaneda 等（2003）假设一部分家庭拥有更高的劳动收入，因此需要积累相对更多的资产进行自我保险，从而加剧财产在富人群体中的集中。储蓄对财富不平等的影响主要归结于不同群体的储蓄动机和储蓄水平的差异。Aiyagari（1994）构造了一个存在不能保险的异质性风险的随机增长模型，通过分析代理人面临异质性冲击时为了平滑消费而进行的剩余资产积累行为，得出不平等的财富分布。Venti 和 Wise（2001）的研究表明居民的储蓄决策将会极大地影响居民的财富积累，在生命周期的较早阶段选择大量储蓄而非消费的家庭将会积累更多的财富。财富继承可以通过代际实际财产和工作能力的传承影响财富分布。De Nardi（2004）在代际交叠模型中描述了遗赠动机，即个体不仅为平滑自身的消费与为养老储蓄而积累财产，还会为后代积累资产，这一机制使得财富在人群中的分布更为集中。

与这些研究不同，本章研究居民的资本市场参与行为对家庭财富分布的影响。家庭通过参与金融市场最大化家庭福利，然而不参与风险资产、资产组合分散程度不足以及对融资时机选择的失误等不成熟的投资行为，都会使家庭蒙受福利损失。家庭金融领域的里程碑文献 Campbell（2006）在论述家庭的投资行为时提出，较为贫穷的家庭更容易成为相对失败的投资者，而它们在投资上所犯的错误及导致的福利损失应该是家庭金融研究的核心问题。很多文献刻画了居民的相对风险厌恶程度随着财富上升而递减的现象，富有的家庭更愿意持有风险较大的资产组合，除了股票外，参与房地产市场、企业投资的比例也更高。这些资产给参与家庭带来了与储蓄相比更高的收益。股票投资尽管要承担一定的风险，但也有着显著的风险溢价（Fama 和 French，2002）。Quadrini（2000）提出由于金融市场摩擦，企业家获得的投资回报率收入要高于居民储蓄，因而导致了财产分布差异的扩大。Chernozhukov 和 Hansen（2004）认为参与 401（k）计划有助于优化投资者的资产配置，对财富积累有显著的正向效应，而 401（k）计划主要通过对资本市场的专业投资达到让养老基金保值增值的目的。这种现象导致富有家庭的资产组合收益率相对更高。

本章的目的在于至少探究以下两个问题：第一，不同财富水平的家庭的资产组合配置是否有显著差异；第二，如果有差异，这种差异是否会导致家庭财富分布更加集中。我们认为财富水平、风险偏好度与投资参与度是相互影响的，财产积累更多的家庭倾向于偏好风险，投资参与度高，这将导致财产进一步增值，之后他们又会进一步强化对风险的偏好而进行新的探索。为了验证这一机制，提出以下三个假说：

假说1：家庭的财富水平越高，所持有投资组合越复杂；投资于高风险（收益）的资产比例越高。

假说2：家庭的财富水平越高，投资组合收益率越高。

假说3：家庭的财富水平越高，其资产组合收益率更高，未来将更为富有；全社会财富不平等程度会加剧。

我们利用家庭金融微观调查数据构建家庭资产组合样本，结合家庭资产结构和各项资产的历史收益数据，计算家庭的投资收益分布，模拟这种分布对家庭财富不平等造成的影响。利用家庭微观调查数据和资本市场数据衡量家庭投资的收益和损失的方法，由于能够兼顾家庭投资的异质性特点和市场特征而得到学界承认（Venti 和 Wise，2001；Campanale，2007；Hans – Martin von Gaudecker，2014）。我们的研究表明，家庭投资行为显著扩大了财富的不平等程度；随着家庭财富的上升，家庭参与风险金融市场、房产市场和生产性投资的可能性越高；财富水平高的家庭通过对家庭投资组合的配置获得了更高的收益率，而低财富家庭则相对亏损。随着时间的累积这种更高的资产收益增加了财富水平高的家庭在总体中的财富占比，而财富水平低的家庭的财富占比则逐渐下降。因此在资本市场上，低财富净值的家庭通过它们的投资行为"补贴"高财富净值家庭，导致了财富分布不平等的加剧。在这种机制的作用下社会不同财富阶层间的流动性很低，社会基本上固化了。

本章的研究有助于对居民家庭的金融市场参与行为与财富之间的关系进行系统性的分析，找出从金融角度帮助居民积累财富、提高居民生活质量和水平的途径办法。党的十七大报告首次提出"要创造条件让更多群众拥有财产性收入"，促进居民金融资产的合理配置和金融市场投资者结构的改善，为旨在深化收入分配制度改革、提高居民财产性收入的金融政策的推出提供理论支持和建议, 是维护社会和谐稳定、提高居民福祉的学术尝试。

　　本章分为以下几个部分, 第二部分我们对相关文献进行梳理, 给出资产组合对财富分布影响机制的理论基础。第三部分用一个简单的投资组合模型进行了理论论证。第四和第五部分给出实证分析的结果。第六部分是稳健性检验。最后是结论和政策建议。

6.2　文献综述

6.2.1　居民财富、风险态度与资本市场参与行为

　　现实中大量的居民家庭并没有投资股票市场或其他风险资产。研究表明, 即使市场上无风险利率极低, 而股权溢价非常高 [如 Fama 和 French （2002） 认为 1950—2000 年美国股市的平均股权溢价达到 2.55%], 这种现象也广泛存在。而实际上, 犯下这些投资错误的人很可能是较为贫穷的家庭 （Campbell, 2006）。因此首先我们需要关注的是财富对居民资本市场的参与行为, 特别是不成功的参与行为, 如有限参与、不分散化等的影响。

　　投资者财富水平差异会对资产选择产生影响。Tracy 等 （1999） 和 Carroll （2002） 等研究发现较为富有的家庭持有的投资组合中股票等风险金融资产所占比例明显高于其他家庭。美国拥有财富量最多的四分之一人群股票市场参与率高达 86.7%, 相反, 财富量最少的四分之一人群股票市场参与率仅为 4.4% （Guiso 和 Jappelli, 2002）。除了提高投资者参与市场的概率, 财富还对居民投资在风险市场上的资产比例有正面效应 （Blume 和 Friend, 1975; Wachter 和 Yogo, 2010）。此外, Carroll （2002） 发现富有的家庭持有的投资组合更为分散化, 原因是他们更有能力支付持有多种股票所需的交易成本。吴卫星和齐天翔 （2007） 证明中国居民投资的财富效应也非常显著, 财富的增加同时提高了居民参与股票市场的概率和深度。

　　房产兼具消费和投资的功能, 是家庭投资组合的重要构成。房产价值大、

交易成本高的特性使其与家庭财富量的大小有一定关系。Campbell（2006）发现在美国，低财富家庭的资产以流动性资产和汽车为主，中等财富家庭以房产为主，高财富家庭则以股权为主；房产占总资产的比例也随着财富提高而增加。非金融性资产中另外一个重要的组成部分是家庭生产经营性投资。Gentry 和 Hubbard（2004）发现占人口比例不到10%的拥有生产经营性投资的家庭占有社会总财富的近40%。Heaton 和 Lucas（2000）认为对于一些富有的家庭而言，生产经营性投资是股票的替代品。

　　风险资产参与随着财富增加的一个重要原因是投资者的风险态度随着财富变化而变化。Cohn 等（1975）认为居民的投资行为表现出财富效应的原因是投资者的相对风险厌恶程度随着财富增加而递减，并通过对调查数据的分析进行了初步验证。Friend 和 Blume（1975）也有相似的结论。Morin 和 Suarez（1983）从调查数据中估算了投资者的偏好，认为相对风险厌恶程度是递减的。King 和 Leape（1998）估计了不同资产的需求财富弹性，发现包括股票、公司债在内的风险资产的财富弹性均大于 1 且随着财富的增加而增加，证明相对风险厌恶系数不是常数。Wachter 和 Yogo（2010）从富人投资于股票的资产比例更大的事实出发，构造了相对风险厌恶系数递减的非位似效用函数，并成功模拟了实证样本中的投资结构，否定了常相对风险厌恶的效用函数模型。

6.2.2　财富不平等

　　财富分布研究一直是学术界关注的重点（Huggett，1996；Piketty，1997；Bertaut 和 Starr - McCluer，2000；Davies 和 Shorrocks 等，2000），前人的工作主要集中在各国乃至世界范围内的财富分布特征、产生这些特征的原因以及财富分布与资产价格等经济变量的互动关系。大量的研究显示，居民财富的分布呈现出厚尾、右偏以及高度不平均的特点，也就是少数的家庭拥有社会上的大部分财富。目前多有文献就不完全市场条件下异质性投资者的财富进行建模分析（Aiyagari，1994；Krusell 和 Smith，1998；De Nardi 等，2004），引入影响财富分布的各种因素（如背景风险、生命周期、社会保障、财产税、投资风险等），模拟真实分布并进行金融学解释。本章关注的是居民的金融市场参与这一因素在财富分布的形成途径中的作用，以及可能存在的动态反馈关系，这个问题在目前的研究中并不多见，但具有重要的理论和政策意义。

Venti 和 Wise（2001）认为劳动收入本身并不能完全解释居民家庭财富的分散程度，即使对于收入相同的家庭，由于他们对储蓄的投资渠道不同，例如有些投入股票市场或房产，有些投入银行存款或是货币市场基金，将会导致累积财富的差异；即投资选择将会影响最终的财富分布。龚刚和杨光（2010）对国民收入在工资、资本利得等之间的分配研究后认为，中国收入分配的不平等源自于利润所占比例越来越大。Favilukis（2013）认为股票市场的繁荣使得富有的家庭收益更多，原因为这些家庭是市场参与者的可能性更大，因此导致了财富不平等程度的加剧。

改革开放 40 年来，随着中国居民的个人财产不断增加，居民间的财产差距也不断拉大，衡量家庭财产不平等程度的泰尔指数从 1995 年的 0.276 上升到 2002 年的 0.538（李实等，2005）。很多学者对影响我国家庭财富水平的因素做过研究，如李实等（2002）考察了年龄和人力资本对家庭财富积累的影响，Meng（2007）研究了收入对财富积累的影响。但尚未有文献从家庭的资产投资角度对财富分布进行研究。

6.2.3　社会流动性

除了研究家庭资产组合差异在财富不平等形成过程中的作用，本章还关注了财富分布的动态效应，也就是社会流动性，即家庭在不同财富阶层之间的移动。社会流动性具体分为代际流动性和同一个个体在社会中的流动性，前者关注后代的财富水平是否与父辈呈现显著的相关性（Solon，1992；Zimmerman，1992），后者研究随着时间的推移，个体有多大机会跨越财富阶层（Quadrini，2000；Aaberge 等，2002）。社会流动性的重要性在于它表征了社会的公平程度，流动性的缺失和社会阶层的固化将导致资源分配的严重扭曲和利益集团的滋生，影响社会稳定。近年来的很多研究认为，中国经济快速发展带来的福利并没有以公平合理的方式使所有阶层均等受益,导致社会流动性下降,"寒门难出贵子"。Gong 等(2012)从父辈和子代之间收入显著的强相关关系入手,证明中国社会的流动性偏低,是从代际流动性的角度入手的。本章研究的家庭投资组合收益与财富分布的不平等的互动关系在很大程度上解释了以家庭为单位的个体在社会不同财富阶层之间的流动。也就是说,富有家庭通过其投资行为获得了相对更高的收益,从而固化了其拥有的社会地位,而贫穷的家庭难以通过资本市场获得收益。

6.3 理论模型

6.3.1 投资组合、风险态度与财富

投资者为了期望效用最大化而选择是否购买股票以及如何配置资产。一个短视的投资者 k 在 t 时刻的目标是最大化期望效用[①]:

$$E\left[U(\widetilde{W}_{k,t+dt}) \mid W_{k,t}\right]$$

其中, $U(\cdot)$ 表示效用函数, dt 是一段足够短的时间。假设市场上仅存在两种资产,其中无风险资产的收益率为 r_f,风险资产的收益为 r_s,两种资产收入的税率分别为 t_f、t_s。市场是无摩擦的,即两种资产都是无限可分的,交易成本可以忽略且可以卖空。一个重要的假设是 $E(r_s)(1-t_s) > r_f(1-t_f)$,即税后的风险溢价是正的。我们使用与 Ross(1975)、Friend 和 Blume(1975)相同的假设,即风险资产的价格服从连续的 Gaussian 过程。因此投资者 k 的财富在 dt 后的变化为

$$\begin{aligned}
\widetilde{W}_{k,t+dt} = W_{k,t}\{1 &+ \left[r_f(1-t_f) + \alpha_k(E(r_s)(1-t_s) - r_f(1-t_f))\right]dt \\
&+ \alpha_k\,\sigma_s y(t)(1-t_s)\,\sqrt{dt}\}
\end{aligned} \tag{1}$$

---

① 在这里我们假设效用函数在各期是不变的,而且投资者短视地优化 dt 之后的期望效用。Ross(1975)认为对于金融投资者而言这是一种合理的假设,且与其他假设相比随后的动态分析也比较稳健。

其中，α_k 为其财富投资在风险资产的份额，σ_s 是风险资产收益率的标准差，$y(t)$ 是服从标准正态分布的变量。将 $U(\widetilde{W}_{k,t+dt})$ 在 $W_{k,t}$ 处展开并期望，去掉二阶以上的 dt 之后，有

$$
\begin{aligned}
E[U(\widetilde{W}_{k,t+dt}) \mid W_{k,t}] = & U(W_{k,t}) + U'(W_{k,t}) W_{k,t}[r_f(1-t_f) \\
& + \alpha_k(E(r_s)(1-t_s) - r_f(1-t_f))]dt \\
& + \frac{1}{2}U''(W_{k,t}) W_{k,t}^2 \alpha_k^2 \sigma_s^2 (1-t_s)^2 dt
\end{aligned}
\tag{2}
$$

因此上述最优化问题的解 α_k 可由对式（2）求一阶条件给出，即

$$
\alpha_k = \frac{1}{R_k} \cdot \frac{E(r_s)(1-t_s) - r_f(1-t_f)}{\sigma_s^2(1-t_s)^2}
\tag{3}
$$

其中，$R_k = -\dfrac{U''(W_{k,t})}{U'(W_{k,t})} \cdot W_{k,t} \equiv f(W_{k,t})$ 为 Pratt 相对风险厌恶系数。由式（3）可知风险资产的最优投资份额不仅与风险资产的收益率和风险有关，还与投资者的效用函数形式即风险态度和财富之间的关系 $f(\cdot)$ 有关。我们关心的是风险资产投资份额随着财富的变化，由于 $E(r_s)(1-t_s) > r_f(1-t_f)$，可知 $\partial\alpha_k/\partial W_{k,t} = -\dfrac{1}{f(W_{k,t})^2}f'(W_{k,t}) \cdot A$，$A \equiv \dfrac{E(r_s)(1-t_s) - r_f(1-t_f)}{\sigma_s^2(1-t_s)^2} > 0$。也就是说，在风险溢价为正的情况下，风险资产的投资份额随财富的变化特征与投资者效用函数的特点有关。若投资者的效用函数符合一般的假设，即常相对风险厌恶或递减相对风险厌恶（Friend 和 Blume，1975），即 $f'(W_{k,t}) \leqslant 0$，则有 $\partial\alpha_k/\partial W_{k,t} \geqslant 0$。这说明当投资者的风险厌恶程度随着财富的增加而减少的时候，随着财富的上升更倾向于投资期望溢价为正的风险资产，而减少对无风险资产的投资。

将最优风险资产投资份额代入财富方程（2）可知 dt 之后财富的期望为

$$
E[\widetilde{W}_{k,t+dt} \mid W_{k,t}] = W_{k,t}\left\{1 + \left[r_f(1-t_f) + \frac{1}{R_k} \cdot \frac{[E(r_s)(1-t_s) - r_f(1-t_f)]^2}{\sigma_s^2(1-t_s)^2})\right]dt\right\}
$$

$$
\tag{4}
$$

其中，$E[\widetilde{W}_{k,t+dt} \mid W_{k,t}]$ 为财富的期望。计算可知若 $f'(W_{k,t}) \leqslant 0$，则 $\partial E[\widetilde{W}_{k,t+dt} / W_{k,t} \mid W_{k,t}] / \partial W_{k,t} > 0$，即当投资者表现为递减相对风险厌恶时，期望财富收益率与现期财富成正比，结合 $\partial \alpha_k / \partial W_{k,t} \geqslant 0$，这种财富的集中（也就是说，当期望越富有的投资者在未来的财富期望收益率越大）是因为投资者在财富增加的时候增加了对溢价为正的风险资产的投资，而其决定因素为投资者效用函数的性质（nature）。

风险溢价为正是一个重要的假设，它不仅仅是实证早已证明的事实（Mehra 和 Prescott，1985），更是造成世界范围内不平等程度加剧的重要原因。如同 Piketty（2014）所强调的，资本性收入的高收益导致资本自身的循环累积，社会财富向拥有资本的人群聚集。富人的财产通过股票和房产等投资手段迅速积累，与穷人拉开距离。这也是本章想要论证的事实。在第四部分实证检验过程中，我们首先验证了投资者相对风险厌恶递减和风险溢价为正这两个前提，并用调查数据证明了投资行为造成的财富分布集中。

6.3.2 资产收益、税收与财富不平等

这种由投资产生的财富不平等如果持续发展，势必会影响社会的总体福利。在投资者的效用函数给定的情况下，一种针对这种不平等产生原因的政策就是征税。这里特定的指资本收入税（capital gain tax），在现实中对应房产税、证券交易税、利息税等。

我们仍然使用上面的模型进行分析。首先对于税率对风险投资份额的影响，可以看到，

$$\frac{\partial \alpha_k}{\partial (1 - t_s)} = \frac{1}{R_k} \cdot \frac{1}{(1 - t_s)^3 \sigma_s^2} [2 r_f (1 - t_f) - E(r_s)(1 - t_s)]$$

当 $r_f(1 - t_f) < E(r_s)(1 - t_s) < 2 r_f(1 - t_f)$ 时，$\dfrac{\partial \alpha_k}{\partial(1 - t_s)} > 0$，持有风险资产的份额与风险资产收益的税率成反比；当 $E(r_s)(1 - t_s) > 2 r_f(1 - t_f)$ 时，$\dfrac{\partial \alpha_k}{\partial(1 - t_s)} < 0$，持有风险资产的份额与风险资产收益的税率成正比。也就是

说，在风险资产价格服从 Gaussian 过程的情况下，最优风险投资比例和税率的关系与风险溢价的大小有关。当风险资产溢价在一定合理范围内的时候，提高对风险资产收入的税率会减少对风险资产的持有。

类似的利用式（4）对（$1-t_s$）求导，有

$$\frac{\partial E[\widetilde{W}_{k,t+dt}/\,W_{k,t}\mid W_{k,t}]}{\partial(1-t_s)} = \frac{1}{R_k} \cdot \frac{2\,r_f(1-t_f)}{(1-t_s)^2\,\sigma_s^{\;2}}\left[\frac{E(r_s)(1-t_s)-r_f(1-t_f)}{(1-t_s)}\right]$$

在 $E(r_s)(1-t_s) > r_f(1-t_f)$ 的假设下，$\dfrac{\partial E[\widetilde{W}_{k,t+dt}/\,W_{k,t}\mid W_{k,t}]}{\partial(1-t_s)} > 0$。提高对风险资产征税将降低由投资渠道产生的财富的积累速度。Piketty（2014）在他的著作中将这种税收称为没收性赋税（confiscatory taxation）。

6.4　实证分析

6.4.1　变量定义和样本描述

本章的样本数据来自奥尔多研究中心 2009 年对中国 5056 个家庭开展的"城镇居民经济状况与心态调查"（The Survey of Household Finances and Attitudes，SHFA）。尽管调查涵盖了家庭资产的几乎所有细分种类，但我们为了探查家庭投资结构特别是资产的风险收益特征，合并了一些资产分类。表 6-1 总结了这些变量的定义和分类方法。

对于变量定义有几点需要说明。第一，在考虑风险金融资产参与问题时，本章将股票直接投资 Stock 和基金 Fund 区分开来，这是因为它们的收益特征并不相同，而我们有足够的数据可以分别处理。在稳健性检验中，我们将理财产品单独列出并进行处理。第二，虽然债券是固定收益类证券，在很多背景下被定义为无风险的投资工具，但我们注意到大部分家庭在投资债券时并没有持有至到期，因此债券有价格风险，不能归为无风险资产（Hans – Martin von Gaudecker，2014）。第三，在对房产的处理上，我们计算家庭的首套住房和其他所有投资性房产，这是因为尽管我们认识到家庭的首套住房同时具有

消费和投资双重属性（Yao 和 Zhang，2005），但这并不妨碍首套住房在必要的时候进入资本市场交易的可能。第四，我们引入家庭生产经营性投资 Business，这是因为这类资产虽然平均而言在家庭总资产中占比并不大，但其收益一般而言较高，因此忽略这一资产类型是不明智的。Gentry 和 Hubbard（2004）指出生产经营性投资在高财富净值家庭中分布更为集中，Quadrini（2000）对 PSID 和 SCF 的研究表明，家庭生产经营性投资的收益率较高，而且由于其风险比劳动收入高，从而增加家庭的预防性储蓄。因此持有这一资产的家庭财富收入比更高，向上的社会流动性更高。另外，我们在研究中省略了一些资产类别如外汇、期货、收藏品等，这些资产在家庭资产结构中占比很小。

表 6 - 1 　　　　　　　　　　　　**家庭资产组合类别：描述**

总资产	安全性金融资产	Cash	现金
		Deposit	银行存款
	风险性金融资产[①]	Stocks	直接股票投资
		Funds	基金
		Bonds	债券
	非金融资产	Housing	房产，包括首套房和投资性房产
		Business	家庭生产经营性投资，包括自由经营性活动和向企业投入的资金

注：在稳健性检验中包括理财产品。

6.4.2　财富与家庭资产结构

图 6 - 1 描述了家庭风险性金融资产参与率和非金融资产参与率随家庭财富的分布。财富被定义为家庭总资产与总负债的差值，也就是家庭的净资产。横轴表示的是按财富从低到高的分组，纵轴显示相应分组中参与这一资产的家庭比例。可以看到，不同财富水平的家庭资产配置决策有显著的差异。风险性金融资产的参与率随着财富的增长而上升，从财富最低组的不足 10% 到财富最高组的超过 40%，这与文献经验相符（例如，Guiso 等，2002）。非金融资产的拥有率同样随着财富的增加而增加，然而由于包括房产，这一类别资产增长最显著的部分在财富较低的群体中发生。总体来说，我们可以推知

位于分布左端的财富净值较低的家庭的大部分资产都是安全性金融资产，只有很少的一部分参与风险金融资产、房地产和经营性投资。

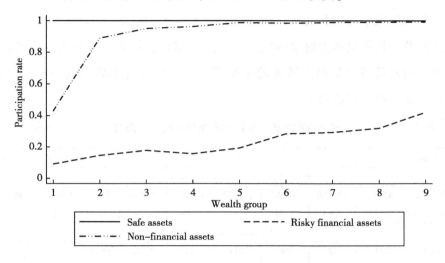

图 6－1　家庭资产拥有率：按财富分组的分布

表 6－2 统计了更为具体的家庭资产结构随着财富的变化特征，即按财富分组后，每组拥有各类资产的家庭所占比例和平均持有的资产种类。从中我们至少能得到以下的结论。第一，除了现金之外，随着财富的增长每一类资产的拥有率都是增长的，这证明财富净值越高的家庭，对于各个类别资产参与的可能性都越大。这从家庭拥有的资产类别数量上也有所体现，可以看到占据最高位的财富分组比财富最低的一组平均多拥有一种资产，也就是说，随着财富的增加，家庭的资产结构更为复杂。第二，不同资产相对财富分布变化的路径呈现出明显不同的特点。现金和存款作为回报率极低的资产，其拥有率即使是在财富最低的分组也是极高的。与之最为类似的资产是房产，房产的拥有率除了财富最低的分组之外均接近或超过九成，而财富净值很低的家庭不投资房产的原因可能是投资房产所需的初始资金门槛较高，难以分散化。考虑到近年来房产价格的快速上升，低财富净值的家庭可能因此在财富积累上失去了一个重要的升值机会。股票投资作为高收益的资产，也是在各组别间拥有率增长速度最快的，尽管全样本股票拥有率的平均值达到了

22.27%，然而至少有财富分布左端60%的家庭没有达到这一指标，没有充分利用股票市场为财富增值。从国际比较的角度来看，中国居民的股票市场参与水平要远低于美国和欧洲（Bucks 等，2009；Guiso 等，2008）。同样，家庭生产经营性投资也随着财富的增加有明显的增长，作为另一种收益率较高的资产，财富最高的分组比最低的分组该项资产的拥有率高出近一倍。至此，第一个假说得到初步验证。

表 6-2　　　　　　家庭资产结构：按财富分组的家庭资产拥有率　　　单位：%

Group	1	2	3	4	5	6	7	8	9
Panel A：Average wealth and asset classes									
Wealth	43631	135256	213887	289833	366684	460488	583022	780948	1613552
Asset classes	2.47	3.03	3.14	3.17	3.28	3.38	3.42	3.51	3.74
Panel B：Ownership rate									
Cash	100	100	100	100	100	99.82	99.82	100	100
Deposit	89.32	88.79	89.86	92.53	94.13	92.53	95.37	95.91	95.36
Stocks	4.63	10.32	11.92	8.54	13.35	17.26	17.79	17.44	27.86
Funds	5.34	6.58	8.19	8.36	9.61	15.30	16.19	19.22	23.39
Bonds	0.71	0.53	0.53	1.42	0.88	2.31	1.60	3.02	5.18
Housing	36.83	88.08	94.31	95.91	98.58	98.22	98.75	99.11	99.29
Business	9.79	8.54	9.07	10.68	11.21	12.28	12.10	16.19	23.04
Panel C：Asset proportion									
Cash	11.49	2.08	1.55	1.19	1.18	1.1	0.85	0.67	0.48
Deposit	34.05	16.36	12.41	12.01	10.27	9.87	10.62	9.1	8.56
Stocks	1.84	2.32	1.58	1.16	1.13	1.51	1.46	1.34	1.88
Funds	1.32	0.82	0.89	1.01	0.43	0.64	0.86	1.14	1.24
Bonds	0.19	0.02	0.06	0.19	0.04	0.24	0.12	0.32	0.29
Housing	27.3	65.27	71.36	73.03	75.47	75.38	75.26	76.41	75.1
Business	2.4	1.04	0.74	1.01	0.8	0.86	1.07	1.46	2.82

　　表 6-2 中第3栏给出了居民对资本市场的参与深度随着财富的变化而变化的情况。低收益资产现金和存款的占比是单调递减的，也就意味着高净值的家庭将更大的资产份额投入能够产生较高收益的资产中。我们特别关注的股票和基金的总量投资在各个财富分组中呈现先减后增的趋势，结合每组的

财富绝对拥有量，高净值家庭的股票和基金投资总量要明显高于中等财富家庭和低净值家庭。对于家庭经营性资产也几乎可以得到相同的结论。

6.4.3　家庭资产的收益风险特征

这一部分的目的是给出家庭持有资产组合的收益风险特征与家庭财富之间的关系，为验证第二个假说做准备。由于 SHFA 家庭投资调查数据在 2008 年下半年集中调查完成，因此合理的假定调查显示的是家庭在 2008 年 12 月 31 日的资产配置状态。在计算收益率特征时，将研究区间定义为 2003 年 1 月至 2008 年 12 月，并使用 2003 年 1 月至 2013 年 12 月的数据做稳健性检验。显然，这种处理方法隐含的假设是样本家庭在研究区间内没有进行组合的调整。虽然这个假设看上去很理想化，但至少有两个理由让我们觉得这个假设是有意义的。第一，我们关注的并不是某个具体的家庭，而是代表性样本的投资和财富变化，因此我们认为尽管随着时间的推移个体家庭会调整其投资策略，但代表性样本仍然是基本不变的。第二，研究表明家庭对资产组合的调整实际并没有想象中频繁（Bilias 等，2010）。在目前跟踪家庭所有交易的数据极难获得的情况下，相同的假设在众多研究中有广泛的应用（Grinblatt 等，2011；Campanale，2007）。

除了指定现金的名义收益率为 0，我们对其他资产类别的收益特征做出如下处理。对于存款利率，我们取中国人民银行公布的一年期存款人民币基准利率作为持有存款账户的收益率。尽管没有按照每个家庭的存款期限结构进行加权计算，但从人民币存款基准利率的期限结构来看，以 2008 年 12 月 23 日为例，一年期存款利率为 2.25%，最短的三个月定期利率为 1.71%，最长的五年期定期存款利率也仅为 3.60%，相差并不大，而假设居民的存款全部为 0.36% 的活期存款显然并不符合现实。债券、基金和股票的收益率显然由于居民持有组合的异质性而更难处理，获得居民持有的每一项具体资产是几乎不可能的，然而借鉴 Grinblatt 等（2011）、Pelizzon 和 Weber（2008）的方法，我们用一个平均化的代表性指标来度量这些收益，即以研究区间内按成交额加权的上证指数和深证成指数平均月收益率作为股票的收益率，按成交额加权的上证基金指数和深证基金指数月收益率作为基金的收益率，中证全债指数月收益率作为债券的收益率。

房产收益率有两种计算方式。一是用国家统计局公布的商品住宅销售总额除以商品住宅销售总面积计算全国房产均价，并以其增长率作为持有房产的隐含收益率。二是用 SHFA 中对居民购房时间、购房时价格和房产现价计算居民持有房产的收益率。前者被目前的相关文献广泛使用，然而后者无论是在精确程度还是在体现家庭房产的异质性方面都有其自身优势。本章首先使用文献普遍认可的前者，在稳健性检验部分使用第二种方法计算房地产收益率。对于家庭生产经营性投资收益，根据 Moskowitz 和 Vissing – Jørgensen（2002），家庭生产经营性投资作为一种私人股权，其收益等于公众股权的收益，因此我们用同期股票收益率作为这部分资产的收益率。各资产的平均年化实际收益率和波动率见表 6 – 3。

表 6 – 3　　　　　　　　　年化资产收益特征

	Cash	Deposit	Stocks	Funds	Bonds	Housing	Business
Panel A: 2003. 1—2008. 12							
Average real rate of return（%）	- 3. 58308	- 0. 66924	1. 40748	13. 09848	0. 98700	6. 00492	1. 40748
Real rate of volatility（%）	—	2. 48961	32. 28965	27. 72566	4. 66191	32. 28965	32. 28965
Sharpe ratio	—	- 0. 24218	0. 06814	0. 52710	0. 50548	0. 20133	0. 06814
Panel B: 2003. 1—2013. 12							
Average real rate of return（%）	- 3. 17868	- 0. 4578	0. 86448	9. 87480	0. 04404	5. 80632	0. 86448
Real rate of volatility（%）	—	2. 20154	29. 16437	25. 64723	4. 11455	32. 3643	29. 1643
Sharpe ratio	—	- 1. 51014	0. 03183	0. 38271	0. 03862	0. 17912	0. 03183

可以看到，从平均实际收益的角度而言，基金在两种研究区间的收益率都是最高的，大约两倍于位于第二位的房产。考虑通货膨胀，持有现金和存款都将获得负收益。目前我国家庭对银行储蓄的依赖严重，这种负利率导致居民财富实质上的缩水。从图 6 – 2 可以看到，从 2006—2010 年，股票和基金经历了一次剧烈的收益波动，然而基金在上升期（2006—2008 年）的收益上涨超过股票，在下跌期（2009—2010 年）的收益率下降没有股票严重。房地

产收益一直保持较大的波动，而从波动角度讲债券和存款确实可以视为"安全"资产。

一个重要的事实是，所有的风险资产的实际溢价都是正的，因此根据经典投资组合理论，家庭都应该持有一定的风险资产。然而我们在前文已经描述过，实际情况并非如此，也就是说，有很大部分的家庭错过了财产增值的机会。

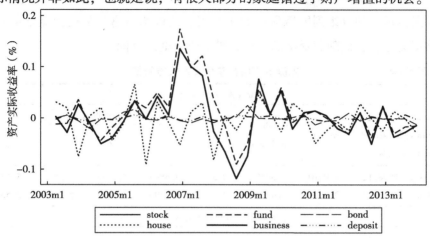

图6-2 资产实际收益率：时间序列

以 SHFA 数据中家庭资产配置比例为权重，结合资产实际收益率，可以计算家庭资产组合的年化收益率。表6-4显示了一些组合收益率的统计特征。首先，居民的资产收益率并不理想。根据计算结果，平均而言居民的资产实际收益率在4%左右，然而表6-4的结果显示，居民有很多的资产配置选择可以超越这一收益率，比如将更多的资产投资于基金和房产。至于为何居民没有进行这样的选择，既可能是由于居民的投资能力不足（Van Rooij 等，2011），也可能是居民已经意识到了这样的投资可能但不具备投资条件。其次，居民投资能力分化严重。尽管平均而言居民的资产实际收益率在4%左右，但有一部分的投资者实际收益率是负的，也就是说，他们的家庭资产实际是贬值的。而且这些负的收益率集中在少数人身上，这也验证了 Campbell（2006）的说法，即大部分家庭的投资是基本有效的，但少数人的投资是错误的，且错误比较严重。最后，对不同财富水平家庭的资产收益率均值和标准差进行统计后发现，家庭的资产收益率随着财富的增加而呈明显上升，财富最高的组别家庭资产组合收益率是财富最低的组别家庭的近4倍，而财富最低的两组其平均收益率都没有达到样本总体的平均收益率。也就是说财富高的家庭利用其资产增值的能力强，而财富本来就偏低的家庭却不能利用投资其资产获得财富上升的机会。另外，组内的标准差基本呈现下降趋势，特别是从财富最低的分组到财富居中的第5组，这说明财富较低的家庭之间投资策略更为分化，而随着财富的增加，投资收益渐渐趋同。

表 6 − 4   家庭资产组合年化资产收益特征

Panel A：Full sample							
Annualized real return of household portfolios（%）	Average	Standard deviation	Percentile				
			5	25	50	75	95
2003. 1—2008. 12	4. 0910	0. 5259	− 0. 5341	3. 6899	4. 6734	5. 2657	5. 7574
2003. 1—2013. 12	3. 9545	0. 4999	− 0. 3974	3. 5593	4. 5194	5. 0900	5. 5640

Panel B：Grouped by wealth				
Annualized real return of household portfolios（%）	2003. 1—2008. 12		2003. 1—2013. 12	
Group	Average	Standard deviation	Average	Standard deviation
1	1. 2353	0. 7909	1. 2352	0. 7381
2	3. 8900	0. 5107	3. 7664	0. 4904
3	4. 2954	0. 3959	4. 1531	0. 3820
4	4. 4268	0. 3787	4. 2746	0. 3596
5	4. 5043	0. 2993	4. 3652	0. 2891
6	4. 5403	0. 3352	4. 3892	0. 3245
7	4. 5674	0. 2908	4. 4104	0. 2815
8	4. 6954	0. 2999	4. 5197	0. 2887
9	4. 6668	0. 3522	4. 4784	0. 3335

6.4.4   回归分析

为了验证财富和居民资产参与之间的关系，我们首先对居民的参与行为和参与深度进行回归分析。表 6−5 总结了以资产参与为因变量对财富、收入及人口特征进行 probit 回归的结果，表 6 - 6 给出了以资产份额为因变量对相同自变量的 tobit 回归结果，同时给出了边际效应，用来刻画哑变量从 0 到 1、连续变量变化一个标准差引起的因变量变动。

表 6 - 5 首先证明，在控制其他变量的情况下，财富对风险性金融资产和非金融资产的参与率都呈现正向影响，财富越高的家庭，越愿意参与这些收益较高的资产的投资。举例而言，财富最高的组别参与股票市场的可能性比最低的组别高出 40%，比财富次低的组别高近一倍。其他因素方面，劳动收入对股票、基金和债券参与也有正向的影响，但对房产参与的影响是负的。教育主要影响股票和基金的投资，这可能跟这些投资需要更高的理解能力有关，有趣的是教育程度越高参与家庭自有资产投资的可能性越低，这与人们普遍认为的高学历往往不愿意创业的直觉相符。

关于各类资产参与行为之间彼此的影响，参与房产显然会对参与其他资产产生显著的替代作用，而参与自有资产生产性投资对其他资产的影响并不显著。也就是说，居民更倾向于将房产作为替代储蓄的一种形式，而非自有生产性投资。婚姻状况对资产投资的影响仅出现在投资房产和建立自有企业的时刻，拥有孩子的家庭更愿意在股票市场和自有生产性投资市场上冒险。我们定义国家机关工作人员和专业技术人员为"专业人士"，并建立哑变量"Prefessional = 1"来衡量职业对投资的影响。我们发现专业人士更倾向于向股票和基金市场投资，而不愿意投资债券和房产。

表 6 - 6 显示，财富不仅影响居民投资各项资产的可能性，还影响对每项资产投资的深度，也就是说，将多大份额的资产投入到相关资产类别当中。财富越高的家庭，参与风险性金融资产和非金融资产的深度越大，也就是说他们将资产中越多的份额投入这些收益较高的资产当中。考虑到这些家庭的投资基数本来就比财富低的家庭要大，双重作用下他们将持有更多的风险性金融资产和非金融资产。收入对投资份额的正向影响主要体现在股票和基金上，而对房产投资份额的影响是负的。其他变量对投资深度的影响类似于对投资可能性的影响，在此不再赘述。

表6-5　　　资产参与：与财富、收入和其他人口特征的实证关系

Variable	Stocks_ participation (1)	Stocks_ participation (2)	Funds_ participation (1)	Funds_ participation (2)	Housing_ participation (1)	Housing_ participation (2)	Bonds_ participation (1)	Bonds_ participation (2)	Business_ participation (1)	Business_ participation (2)
Wealth group										
2	0.238***		0.100***		0.030***		0.005		-0.019	
3	0.251***		0.124***		0.034***		0.006		-0.007	
4	0.174***		0.119***		0.037***		0.026		0.010	
5	0.268***		0.137***		0.045***		0.014		0.021	
6	0.309***		0.208***		0.044***		0.036		0.027	
7	0.303***		0.206***		0.050***		0.022		0.028	
8	0.289***		0.237***		0.053***		0.043		0.067**	
9	0.401***		0.263***		0.058***		0.064*		0.143***	
ln (wealth)		0.041***		0.034***		0.053***		0.007***		0.035***
Income group										
2	0.035	0.038	0.000	-0.001	-0.010	-0.013***	-0.002	-0.003	0.010	-0.001
3	0.114***	0.115***	0.054*	0.056*	-0.019*	-0.010***	0.020	0.020	0.002	-0.010
4	0.112***	0.115***	0.053*	0.060*	-0.022*	-0.048	0.014	0.013	-0.014	-0.025
5	0.126***	0.128***	0.091***	0.101***	-0.049***	-0.076**	0.029	0.028	0.014	0.001
6	0.121***	0.126***	0.110***	0.123***	-0.060***	-0.081**	0.027	0.028	0.016	0.006

续表

Variable	Stocks_ participation		Funds_ participation		Housing_ participation		Bonds_ participation		Business_ participation	
	(1)	(2)	(1)	(2)	(1)	(2)	(1)	(2)	(1)	(2)
7	0.109***	0.112***	0.112***	0.125***	-0.146***	-0.167***	0.052	0.053	0.029	0.018
8	0.126***	0.131***	0.095***	0.113***	-0.201***	-0.133***	0.027	0.030	0.017	0.015
9	0.129***	0.144***	0.130***	0.152***	-0.494***	-0.256***	0.045	0.050	0.038	0.043
Education										
Senior high	0.072***	0.073***	0.030**	0.031**	-0.007	-0.006***	0.005	0.005	-0.018	-0.019*
Junior college	0.133***	0.132***	0.060***	0.061***	-0.006	-0.016	0.006	0.006	-0.041***	-0.042***
University and above	0.125***	0.126***	0.049***	0.049***	-0.007	0.006	0.005	0.005	-0.061***	-0.061***
Wealth dummy by wealth type										
Housing	-0.179***	-0.129***	-0.130***	-0.105***			-0.022*	-0.022*	0.011	-0.035
Private business	0.018	0.018	0.009	0.010	0.001	0.002	-0.001	0.000		
Other demographics										
Married	0.020	0.021	0.017	0.016	0.018**	0.006**	0.000	0.000	0.028*	0.029*
Kids	0.025***	0.024**	0.003	0.003	-0.003	-0.075	-0.004	-0.004*	0.060***	0.059***
Professional	0.024**	0.028***	0.022**	0.024**	-0.010*	-0.014	-0.004	-0.006***	-0.016	-0.017
Number of observations	5056	5056	5056	5056	5056	5056	5056	5056	5056	5056

注：*、**、***分别表示回归系数在 10%、5%、1% 水平上显著。

表6-6　资产组合份额：与财富、收入和其他人口特征的实证关系

Variable	Stocks_share (1)	Stocks_share (2)	Funds_share (1)	Funds_share (2)	Housing_share (1)	Housing_share (2)	Bonds_share (1)	Bonds_share (2)	Business_share (1)	Business_share (2)
Wealth group										
2	0.211***		0.075***		0.464***		0.028		-0.026	
3	0.205***		0.092***		0.561***		0.059		-0.018	
4	0.158***		0.093***		0.595***		0.161**		0.007	
5	0.206***		0.085***		0.640***		0.104		0.014	
6	0.229***		0.118***		0.665***		0.191***		0.016	
7	0.223***		0.121***		0.685***		0.144*		0.027	
8	0.213***		0.138***		0.714***		0.214***		0.066**	
9	0.262***		0.145***		0.750***		0.252***		0.142***	
ln(wealth)		0.039***		0.021***		0.199***		0.061***		0.045***
Income group										
2	0.031	0.036	0.006	0.006	-0.086***	-0.082***	-0.004	-0.009	-0.003	-0.018
3	0.092***	0.093***	0.052**	0.055**	-0.122***	-0.122***	0.139	0.134	-0.003	-0.023
4	0.095***	0.097***	0.056***	0.061***	-0.157***	-0.153***	0.109	0.105	-0.030	-0.051*
5	0.115***	0.115***	0.079***	0.086***	-0.189***	-0.192***	0.163*	0.160*	0.002	-0.020
6	0.107***	0.108***	0.086***	0.095***	-0.210***	-0.218***	0.162*	0.164***	0.010	-0.007

续表

Variable	Stocks_ share (1)	Stocks_ share (2)	Funds_ share (1)	Funds_ share (2)	Housing_ share (1)	Housing_ share (2)	Bonds_ share (1)	Bonds_ share (2)	Business_ share (1)	Business_ share (2)
7	0.098 ***	0.096 ***	0.089 ***	0.098 ***	−0.239 ***	−0.259 ***	0.240 ***	0.242 ***	0.030	0.011
8	0.111 ***	0.108 ***	0.079 ***	0.092 ***	−0.266 ***	−0.307 ***	0.163 *	0.171 *	0.012	0.004
9	0.122 ***	0.125 ***	0.100 ***	0.116 ***	−0.336 ***	−0.413 ***	0.212 **	0.221 **	0.022	0.024
Education										
Senior high	0.069 ***	0.070 ***	0.027 ***	0.029 **	−0.027 ***	−0.029 ***	0.043	0.043	−0.016	−0.018
Junior college	0.113 ***	0.111 ***	0.044 ***	0.046 ***	−0.037 ***	−0.044 ***	0.046	0.046	−0.046 ***	−0.048 ***
University and above	0.106 ***	0.105 ***	0.040 ***	0.042 ***	−0.015	−0.027 **	0.035	0.032	−0.086 ***	−0.086 ***
Wealth dummy by wealth type										
Housing	−0.232 ***	−0.192 ***	−0.141 ***	−0.114 ***	−0.079 ***		−0.169 ***	−0.158 ***	−0.045 *	−0.108 ***
Private business	0.014	0.010	0.006	0.007		−0.096 **	−0.015	−0.011		
Other demographics										
Married	0.026	0.028	0.020	0.018	0.024 *	0.026 **	−0.036	−0.036	0.042 *	0.043 *
Kids	0.026 ***	0.023 *	0.000	0.000	0.001	0.008	−0.035	−0.037	0.070 ***	0.069 ***
Professional	0.022 **	0.025 **	0.019 **	0.020 **	−0.048 ***	−0.038 ***	−0.065 **	−0.064 **	−0.022	−0.024
Number of observations	5056	5056	5056	5056	5056	5056	5056	5056	5056	5056

注：*、**、*** 分别表示回归系数在 10%、5%、1% 水平上显著。

表 6 - 5 和表 6 - 6 给出家庭的财富、收入及其他人口特征对资产参与的影响，验证了我们在第一部分提出的假设 1。接下来我们关注这些特征跟家庭资产组合投资实际收益之间的关系。表 6 - 7 给出了以家庭投资组合收益为因变量，以家庭的财富、收入及其他人口特征为自变量的回归结果。回归结果清晰地显示了财富越高的家庭，其投资组合的收益越高，至此假设 2 得到了验证。然而我们看到，收入与资产收益之间呈现一定的反向关系，也就是说在影响最终的财富分布时，劳动性收入和资产性收入之间可能出现一定程度的相抵相消。在资产类别对投资收益的影响方面，我们看到基金和房产对资产增值的助益最大，特别是房产，是提高投资收益的最佳渠道。

表 6 - 7　　　资产收益：与财富、收入和其他人口特征的实证关系

Variable	Portfolio return（2003—2008 年）		Portfolio return（2003—2013 年）	
	（1）	（2）	（1）	（2）
Wealth group				
2	0. 043 ***		0. 037 ***	
3	0. 062 ***		0. 055 ***	
4	0. 070 ***		0. 063 ***	
5	0. 071 ***		0. 065 ***	
6	0. 078 ***		0. 073 ***	
7	0. 081 ***		0. 075 ***	
8	0. 092 ***		0. 085 ***	
9	0. 095 ***		0. 089 ***	
ln（wealth）		0. 019 ***		0. 017 ***
Income group				
2	- 0. 024 ***	- 0. 023 ***	- 0. 023 ***	- 0. 023 ***
3	- 0. 028 ***	- 0. 026 ***	- 0. 027 ***	- 0. 025 ***
4	- 0. 038 ***	- 0. 034 ***	- 0. 036 ***	- 0. 032 ***
5	- 0. 043 ***	- 0. 039 ***	- 0. 042 ***	- 0. 038 ***
6	- 0. 051 ***	- 0. 046 ***	- 0. 049 ***	- 0. 043 ***
7	- 0. 045 ***	- 0. 041 ***	- 0. 043 ***	- 0. 039 ***
8	- 0. 056 ***	- 0. 050 ***	- 0. 053 ***	- 0. 047 ***

续表

Variable	Portfolio return (2003—2008 年)		Portfolio return (2003—2013 年)	
	(1)	(2)	(1)	(2)
9	− 0. 051 ***	− 0. 047 ***	− 0. 049 ***	− 0. 044 ***
Education				
Senior or vocational	− 0. 004	− 0. 003	− 0. 004	− 0. 004
Junior college	− 0. 008 **	− 0. 008 **	− 0. 008 **	− 0. 007 **
University	0. 000	0. 001	0. 000	0. 001
Wealth dummy by wealth type				
Stock	− 0. 021 ***	− 0. 021 ***	− 0. 024 ***	− 0. 024 ***
Fund	0. 052 ***	0. 053 ***	0. 033 ***	0. 034 ***
Bond	− 0. 034 ***	− 0. 033 ***	− 0. 039	− 0. 038
Housing	0. 351 ***	0. 355 ***	0. 342 ***	0. 346 ***
Private business	− 0. 029 ***	− 0. 030 ***	− 0. 033 ***	− 0. 033 ***
Other demographics				
Married	− 0. 004	− 0. 004	− 0. 004	− 0. 004
Kids	0. 004	0. 004	0. 004 *	0. 004
Professional	− 0. 014 ***	− 0. 013 ***	− 0. 014 ***	− 0. 012 ***
Constant	0. 006	− 0. 013 ***	0. 010 *	0. 158 ***
Adj. R^2	0. 661	0. 660	0. 681	0. 681
Number of observations	5056	5056	5056	5056

注：＊、＊＊、＊＊＊分别表示回归系数在10%、5%、1%水平上显著。

6.5　资产收益与财富不平等

在这一部分我们重点论述家庭投资组合的差异对家庭间财富分布不平等程度的影响，即假说3。根据上文的结论，我们发现财富净值高的家庭有更大的可能去投资风险性金融资产和其他资产，而这些资产为家庭提供了比无风险金融资产更高的收益，从而导致高财富家庭能够在资本市场获得更高的收入而为其财富增值。直觉上而言，这将导致财富差距的进一步扩大。在这一部分我们通过模拟验证这一假设。

6.5.1 收入和财富不平等

影响财富分布的收入因素包括劳动性收入、资本性收入，这里研究的是后者。通过计算，SHFA 2009 年样本中，财富的基尼系数为 0.465，而劳动性收入的基尼系数仅为 0.332，也就是说财富的集中程度要高于劳动性收入，这与文献经验相符（例如 Huggett，1996）。图 6 - 3 给出了按劳动性收入分组后，每组内财富在 5%、10%、25%、50%、75%、90% 和 95% 分位点上的均值。我们发现在较低收入分组有一部分家庭几乎没有财富，但是在收入最高的分组仍有相当一部分家庭财富净值很低；在同一收入组别之内，财富仍是相当分散的，且分散程度随着收入的上升在增加。收入最低的分组中财富最高的 95% 的家庭，拥有的财富要高于收入最高分组中近 50% 的家庭。这证明即使收入相近，居民的财富不平等程度仍很高，收入不是财富不平等的唯一理由。

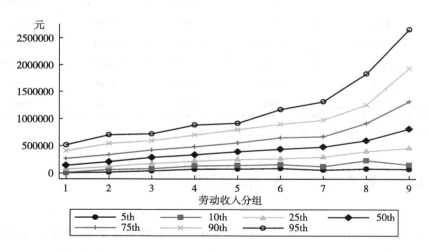

图 6 - 3　收入分组内部的财富分布

我们借鉴 Venti 和 Wise（2001）的指标"调整后财富"来衡量财富分布的不平等程度在多大程度上归因于投资选择。首先使用投资指标构建回归方程计算预测财富，方程如下：

$$Wealth_i = Constant_i + \beta_1 \, Share \; of \; Cash \; in \; Asset_i + \beta_2 \, Share \; of \; Deposit \; in \; Asset_i$$

$$+ \beta_3 \, Share \; of \; Stocks \; in \; Asset_i + \beta_4 \, Share \; of \; Funds \; in \; Asset_i$$

$$+ \beta_5 \, Share \; of \; Bonds \; in \; Asset_i$$

$$+ \beta_6 \, Share \; of \; Housing \; in \; Asset_i + \beta_7 \, Share \; of \; Business \; in \; Asset_i + \varepsilon_i$$

调整后财富即可由下式求得，

$$Adjusted \; Wealth = Unadjusted \; Wealth - Predicted \; Wealth + Mean \; Wealth$$

上面的过程含义是，调整后财富代表除去投资因素后财富的值，如果调整后的财富低于观测到的财富，说明投资因素的作用为正；且两者之间差距越大，投资的正向作用越大。图 6 - 4 给出了调整前后分位点财富的对比，每一个分位点上的两组条形图分别代表未调整的财富即样本观测值和根据上面给出的方法调整后的财富。我们可以看到对于财富净值较低的家庭，确切而言是位于财富分布 50% 以下的家庭，对家庭资产进行投资反而降低了他们的财富净值，而对于财富高于中位数的家庭，资产投资也就是资本性收入为他们带来了正的财富增量，且这种效应对于财富最高的家庭最为明显。图 6 - 4 初步证明，投资对财富分布有重要的作用。

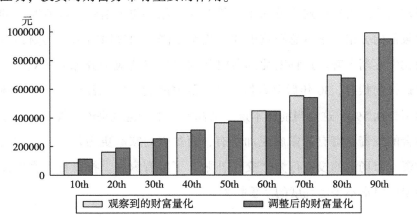

图 6 - 4　调整投资选择因素前后财富值的对比

6.5.2 资产收益对财富分布的影响：基尼系数和财富占比的时间序列研究

接下来我们用衡量不平等程度的常用指标基尼系数和财富占比来进一步阐述投资收益对财富分布的影响。尽管一些文献观察到了财富受到家庭投资决策的影响，但一方面他们没有量化这一影响的程度（Venti 和 Wise，2001），另一方面他们没有观察随着时间的推移这种影响的演变程度（Campanale，2007）。我们使用 SHFA 样本中的总资产作为收益率累积的基础（因为除了上述资产类别之外其他资产的占比很少，因此这一处理并不影响最终结果），同时假设家庭负债每年以家庭收入的某一百分比 α 递减，以此来计算随着时间的推移，1 年、5 年、10 年、30 年后家庭财富的分布情况。这种模拟方法意味着，在不考虑收入的情况下，影响家庭财富变化的仅有资产收益率差异一个因素。

表 6 – 8 给出了 α = 25% 时财富分布情况①。我们看到随着时间的变化，基尼系数呈现逐年扩大的趋势，从样本的 0.465 扩大到 30 年后的超过 0.500。从财富占比来看这种财富分布不平等扩大的趋势更为清晰，随着时间的变化财富较低的分组财富占总财富的比例逐渐下降，而高财富组别的财富占总财富的比例逐渐上升。这种变化随着时间的累积将造成十分惊人的效果，例如保持这样的状态，30 年后财富最低分组的家庭的财富总额仅占社会全体总财富的不到 0.5%，这是当前样本这一指标的一半。也就是说，仅通过对家庭资产组合的投资，富有的家庭更加富有，而贫穷的家庭更为贫穷，低财富的家庭在资本市场上的投资行为"交叉补贴"了富有家庭。投资行为直接导致了社会家庭财富不平等程度的严重扩大。

---

① 即家庭每年按收入的四分之一偿还现有债务，直至偿清。这是建立在一般情况下的合理性假设。同时也验证了 α 等于 0（不偿还债务）、33%、50% 等情形下的财富分布，得到的结果对结论没有影响，在此不一一列出。

表6－8　资产收益与财富分布

asset basis	基尼系数	组内财富占总财富的份额（按财富分位点,%）			组内财富占总财富的份额（按财富分组,%）								
		Bottom 40	Top 20	Top 10	Group 1	Group 2	Group 3	Group 4	Group 5	Group 6	Group 7	Group 8	Group 9
SHFA 2009	0.465	12.424	50.296	33.794	0.974	3.018	4.773	6.467	8.182	10.275	13.009	17.426	35.876
Panel A: 2003—2008 年收益率													
After 1 year	0.466	12.340	50.334	33.806	0.970	3.005	4.757	6.463	8.174	10.272	12.976	17.424	35.959
After 5 years	0.468	12.234	50.536	33.898	0.924	2.940	4.723	6.428	8.147	10.271	12.985	17.525	36.057
After 10 years	0.474	11.922	50.923	34.154	0.824	2.840	4.662	6.345	8.112	10.236	13.005	17.650	36.328
After30 years	0.505	10.305	53.332	36.278	0.463	2.370	4.154	5.897	7.813	9.987	12.917	17.857	38.542
Panel B: 2003—2013 年收益率													
After 1 year	0.466	12.404	50.324	33.798	0.970	3.006	4.758	6.464	8.176	10.274	12.978	17.423	35.950
After 5 years	0.468	12.254	50.489	33.862	0.928	2.946	4.728	6.435	8.157	10.280	12.991	17.516	36.020
After 10 years	0.472	11.965	50.819	34.068	0.833	2.852	4.672	6.364	8.130	10.255	13.015	17.636	36.242
After30 years	0.500	10.460	52.897	35.819	0.480	2.412	4.213	5.973	7.904	10.067	12.975	17.897	38.080

另一个有意义的现象是随着时间的推移，组内财富占总财富的份额增长的仅有财富最高的两组，也就是约 20% 的家庭。也就是说家庭的投资行为使得财富更为集中，且仅仅集中在极少数家庭手中，大部分的家庭至少从财富分配的角度是受损的。

6.5.3　家庭资产收益和社会流动性

较高的社会财富不平等意味着有大量家庭只能获得较低的福利，对不平等程度的研究一般建立在静态的财富分布上，而对社会流动性的研究关注的是家庭能否在财富分布的不同位置间移动，以及什么机制导致了这种移动。社会流动性（social mobility），指的是社会成员或社会群体从一个社会阶级或阶层转到另一个社会阶级或阶层的难易程度。在经济学中，我们主要关注的是随着时间的推移，家庭从一个财富阶层（wealth class）向其他财富阶层的移动（Quadrini，2000）。6.5.2 节的模拟方法给出了控制其他因素不变的情况下，家庭投资行为对财富的影响，同样的方法可以用来计算不同时间长度下、家庭在不同财富阶层的转移矩阵，从而衡量社会流动性。

表 6-9 报告了家庭资产按照当前投资收益率增值一年、五年、十年和三十年后的财富转移矩阵。我们将样本家庭按照财富水平高低平均分为 4 组，Class1 到 Class4 分别是财富水平最低到最高的组别，每组人口占总人口的四分之一。转移矩阵的每一行代表 2008 年末位于某一组别的家庭在相应时间之后位于对应财富组别的概率。我们可以看到，通过对家庭资产的投资，社会阶层极大地固化了，从低财富阶层进入高财富阶层的可能性基本为 0，从高财富阶层进入低财富阶层也几乎是不可能的。

表 6－9   社会流动性：财富分组转移矩阵

	收益率（2003—2008 年）				收益率（2003—2013 年）			
	Class1	Class2	Class3	Class4	Class1	Class2	Class3	Class4
After 1 year								
class1	0.994	0.006	0.000	0.000	0.994	0.006	0.000	0.000
class2	0.006	0.985	0.009	0.000	0.006	0.986	0.008	0.000
class3	0.000	0.009	0.983	0.008	0.000	0.008	0.985	0.007
class4	0.000	0.000	0.008	0.992	0.000	0.000	0.007	0.993
After 5 years								
class1	0.971	0.029	0.000	0.000	0.970	0.030	0.000	0.000
class2	0.029	0.937	0.034	0.000	0.030	0.936	0.034	0.000
class3	0.000	0.034	0.936	0.030	0.000	0.034	0.936	0.030
class4	0.000	0.000	0.030	0.970	0.000	0.000	0.030	0.970
After 10 years								
class1	0.946	0.054	0.000	0.000	0.949	0.051	0.000	0.000
class2	0.054	0.873	0.074	0.000	0.051	0.877	0.071	0.000
class3	0.000	0.074	0.869	0.057	0.000	0.071	0.873	0.056
class4	0.000	0.000	0.057	0.943	0.000	0.000	0.056	0.944
After 30 years								
class1	0.860	0.140	0.000	0.000	0.868	0.132	0.000	0.000
class2	0.118	0.675	0.204	0.003	0.111	0.688	0.202	0.000
class3	0.020	0.172	0.637	0.171	0.020	0.169	0.645	0.167
class4	0.002	0.013	0.159	0.826	0.002	0.012	0.153	0.833

6.6　稳健性检验

6.6.1　理财产品

近年来，银行和其他各类金融机构发行的理财产品成为市场上受人欢迎的投资工具。相较传统的股票、基金等资产，理财产品以其总体表现出的较高的投资价值、更为丰富的收益—风险投资选择以及依托互联网等新兴媒介提供的投资便利性，获得了越来越多投资者的重视。特别是 2008 年以来，在资本市场深幅下挫和商品市场超速回调的双重不利背景下，低风险稳健收益的普通类理财产品更加受到了投资者的青睐。以银行理财产品为例，据中国社会科学院金融研究所理财产品中心《2008 年银行理财产品评价报告》，2008 年 56 家商业银行共发行银行理财产品 4456 款，期望收益率和风险值分别为 4.08% 和 3.3%；43 家商业银行共有 2773 款产品到期，其平均到期收益率为 4.52%。与表 6-4 的各类资产年化收益率对比可知，这一平均收益率是相当高的，不仅高于同期通货膨胀水平和存款利率，而且高于股票和家庭自有资产投资，仅次于投资基金和房产的收益率。

我们验证将理财产品的收益率带入第四和第五部分的研究中，可以得到完全相同的结论。在此我们用另外一种更简明的方法论证理财产品在居民投资行为和财富分布动态机制之中所起的作用。首先我们根据总资产和财富分组来统计理财产品的参与情况，并将结果总结于表 6-10。可以看到投资理财产品的家庭高度集中在资产和财富最高的家庭群体中，也就是说更多财富净值高的家庭利用了理财产品带来的收益，而财富净值低的家庭再次错过了资产增值的机会。

表 6-10　　理财产品的参与程度和份额：按总资产和财富分组

单位：万元，%

Panel A：理财产品参与：按资产规模大小									
总资产	0~2.5	2.5~7.5	7.5~15	15~40	40~60	60~85	85~200	200~500	>500
参与率	0.00	0.86	2.11	1.36	1.26	3.70	4.81	21.43	50.00
占总资产比例	0.00	0.42	0.55	0.15	0.07	0.05	0.27	0.66	0.67
Panel：理财产品参与：按财富分组									
财富（从低到高）	1	2	3	4	5	6	7	8	9
参与率	0.36	0.00	0.53	0.36	0.18	0.36	0.36	0.89	3.20
占总资产比例	0.08	0.00	0.02	0.03	0.01	0.01	0.01	0.04	0.15

随着金融创新步伐的加快，理财产品在 2012 年以来受到的关注达到了一个顶峰，因此其在家庭资产配置中的作用也大大提升。2012 年的 SHFA 数据显示，当年家庭参与理财产品的比率达到历史最高的 5.25%，而图 6-5 证明，在 2012 年数据中，家庭财富与理财产品价值之间的关系仍是正相关的。因此，理财产品的收益更多的由高财富家庭获得，从而加速财富分布的分散化，这一结论是稳健的。

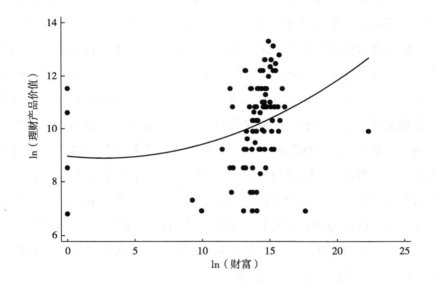

图 6-5　家庭财富和拥有理财产品价值的关系：2012 年 SHFA 数据

6.6.2　房地产投资收益率

对于房地产收益的争论一直是学界以及业界的焦点，在第四和第五部分的论述中，我们用国家统计局公布的商品住宅销售总额除以商品住宅销售总面积计算全国房产均价，并以其增长率作为持有房产的隐含收益率。但由于国家统计局数据统计的是全国范围内的房价情况，可能存在一定程度的低估。因此我们用 SHFA 的数据检验房价收益率的稳健性。

由于 SHFA 统计了居民所拥有房产的购买时间、购买价格和当前价格，因此我们可以计算房产的收益率进而计算组合收益率。这样做的一个明显优点在于居民的房价收益率是一一对应的，不再需要使用平均收益率。房产收益率的计算公式为

$$房产年化名义收益率 = \left(1 - \frac{当前价格}{购买价格}\right) / (2009 - 购买时间)[1]$$

表 6 - 11 给出了房产收益率的计算结果。首先表 6 - 11 的上半部分显示，房产收益率要远高于国家统计数据，就算排除极端值的影响，中位数也达到 32%。然而考虑到我国近些年来房地产市场的异常升温，这样的数据似乎更符合我们的直观感受。然而不同房产的收益率相差很大，位于分布 5% 分位点的收益率仅类似于一年期存款收益率，也就是说，业界在讨论房地产价格是否上涨过快时，用一个单一指标来代替房地产收益率似乎是不足以说明问题的。为了考察持有房产的收益率随财富的变化，我们按照财富分组来讨论房产的收益率。明显地，财富较低的家庭特别是最低的三组，其房地产的收益率要明显地低于财富较高的家庭，且由于收益率本身绝对值较大，因此这种差距非常大。也就是说，财富较低的家庭拥有的是那些升值速度慢的房产，在房产成为重要财富依托工具，甚至有人提出"以房养老""以房养病"的今天，财富低的家庭面临重要的损失。

表 6 -11　　房产名义收益率与财富的关系：以 SHFA 2009 计算

Panel A：房产名义年化收益率统计

均值	中位数	标准差	5% 分位点	25% 分位点	75% 分位点	95% 分位点
72.67%	32.013%	106.16%	4.167%	14.769%	84.615%	290.34%

---

①　这里隐含房产收益以单利计。可以验证，复利假设下的结论并没有显著不同。

续表

Panel B：房产收益率与财富分组的关系

财富 （从低到高）	1	2	3	4	5	6	7	8	9
房产收益率 均值	30.99%	45.49%	52.47%	66.72%	87.21%	77.91%	84.98%	83.78%	103.69%
房产收益率 中位数	16.67%	25.00%	26.50%	35.42%	41.45%	36.15%	35.97%	34.30%	38.75%

表 6 - 12 展示了利用 SHFA 的房产收益数据模拟得到的 1 年后和 5 年后①
的财富分布情况。可以看到一年后以基尼系数代表的全样本的财富不平等程
度即显著上升，占财富较低的 40% 的群体财富占总财富的比例下降了 2 个百
分点，财富最高组别所占有的财富也达到了近 44%。而保持这一收益率五年
后的财富分布情况则显示出极端的一面。基尼系数达到了 0.663，而占社会财
富最顶端的 10% 的家庭竟然占有了社会超过 50% 的财富。按财富分组显示的
是相同的结论，只有财富水平最高的组别的组内财富占总财富的份额是增加
的。也就是说，5.2 节的结论在使用 SHFA 房价数据再检验的情况下依然是稳
健的，而且在这样的房价体系下，财富分化的程度更为严重，足以影响经济
与社会的稳定和引起足够的重视。

---

① 房产价格如此高速增长似乎难以保持更多的年份，因此仅在此报告 1 年和 5 年的模拟结果，
但 10 年和 30 年的结果也有与 5.2 节相似的结论。

表 6 - 12　　资产收益与财富分布：使用 SHFA 房价数据的再检验

asset basis	基尼系数	组内财富占总财富的份额（按财富分位点，%）			组内财富占总财富的份额（按财富分组，%）								
		Bottom 40	Top 20	Top 10	Group1	Group 2	Group3	Group 4	Group 5	Group6	Group7	Group 8	Group 9
SHFA 2009	0.465	12.424	50.296	33.794	0.974	3.018	4.773	6.467	8.182	10.275	13.009	17.426	35.876

Panel A：2003—2008 年收益率

asset basis	基尼系数	Bottom 40	Top 20	Top 10	Group1	Group 2	Group3	Group 4	Group 5	Group6	Group7	Group 8	Group 9
After 1 year	0.535	10.469	57.642	41.612	1.107	2.547	3.848	5.692	6.776	8.616	11.438	16.662	43.759
After 5 years	0.663	6.091	70.135	54.598	0.557	1.451	2.283	3.494	4.478	6.223	9.222	15.752	56.808

Panel B：2003—2013 年收益率

asset basis	基尼系数	Bottom 40	Top 20	Top 10	Group1	Group 2	Group3	Group 4	Group 5	Group6	Group7	Group 8	Group 9
After 1 year	0.535	10.470	57.639	41.611	1.107	2.547	3.848	5.693	6.777	8.617	11.438	16.661	43.758
After 5 years	0.663	6.100	70.120	54.561	0.557	1.450	2.283	3.494	4.478	6.221	9.219	15.749	56.818

6.6.3　房地产税与财富分布

根据理论模型部分的讨论，对风险资产征税会降低期望财富收益率从而减少财富的积累速度。我们模拟对所有房产按存量价值征收一定比例房产税后，财富分布的不平等情况。如表 6 – 13 所示，可以看到，对房产施以存量税能够在一定程度上降低财富分布的不平等程度，并且税率越高，时间越长，降低的幅度越大。

表 6 – 13　　　　　　　　　　　房地产税与财富分布

Panel A：施加房产税对房产收益率的影响				
假设税率	0	0.3%	0.5%	1%
2003.1—2008.12 房产收益率	6.00492	5.70492	5.50492	5.00492
2003.1—2013.12 房产收益率	5.80632	5.50632	5.30632	4.80632
Panel B：施加房产税对财富分布的影响（2003—2013 年收益率）				
After 1 year	0.46568065	0.46565942	0.46564587	0.46561215
5 years	0.46790109	0.46773476	0.46762968	0.46737234
10 years	0.47259167	0.47215457	0.47187956	0.47121128
30 years	0.50010776	0.49813838	0.49690202	0.49391035
Panel B：施加房产税对财富分布的影响（2003—2008 年收益率）				
After 1 year	0.46576976	0.46574957	0.46573618	0.46570283
5 years	0.46839478	0.46823797	0.46813495	0.46788271
10 years	0.47368325	0.47327647	0.47301036	0.47236405
30 years	0.50476851	0.50313648	0.50204281	0.49943068

6.7　本章小结

居民财富分布对整个宏观经济的稳定具有重要影响，关系到国民经济的持续健康发展和社会的和谐平衡。前人对居民家庭财富不平等的研究集中于劳动收入、财富继承和储蓄三个方面。而随着金融市场的迅速发展和居民参与金融市场门槛的降低，金融市场已经成为居民生活的重要部分，本章提出了一个新的命题，即居民的金融市场参与和财富分布之间存在动态作用。我们的研究发现，高财富居民的家庭更倾向于持有高收益的风险性金融资产、房产和自有生产性投资，财富越高的家庭资产组合越复杂；家庭的投资组合收益随着财富的增加而上升，从而导致高财富家庭有更大的机会从资本市场上获得收入，而低财富家庭则相对亏损。控制其他影响财富的因素后我们发现，资产投资组合的差异导致了社会财富不平等程度的加剧，同时使得社会财富阶层间的流动性处于较低的水平。

第7章　研究结论、建议与展望

通过对中国居民家庭微观调查数据的实证分析，本书的主要结论可以概括为以下四点：

第一，研究表明居民的绝对风险厌恶系数是财富的减函数，相对风险厌恶系数是财富的增函数，从而拒绝了常用于经济学模型假设的常绝对风险厌恶（CARA）和常相对风险厌恶（CRRA）偏好。随着财富的上升，居民会增加配置风险资产，尽管风险资产占总资产的比例可能有所下降。进一步地，我们发现财富对风险态度的影响在控制背景风险因素之后不再显著，即背景风险可能是财富对风险态度的作用渠道之一。

第二，财富较高的家庭拥有的狭义和广义财产性收入都显著地高于财富较低的家庭，并且这种正向影响在财产性收入较高的家庭更大。这一结论表明财富较高的家庭更能够从资本市场上获利，这可能是财富分布日益集中的原因之一。

第三，用夏普率作为度量投资组合优化程度的标准发现：财富和收入水平高的家庭投资组合更为有效；房产对家庭其他流动性风险资产的投资产生挤出效应，但持有房产的家庭能够配置更有效的投资组合；人口学变量婚姻状况、性别和教育程度对投资组合有效性具有显著影响。影响居民家庭参与风险资产市场的变量也显著地影响了家庭投资组合的有效性，而且方向基本一致。

第四，研究表明高财富家庭资产组合更为复杂，更倾向于持有高收益的风险性金融资产、房产和自有生产性投资；家庭投资组合的收益随着财富的增加而上升，高财富家庭在资本市场上获得相对更多的收入，而低财富家庭则相对亏损，低财富净值的家庭通过他们的投资行为"补贴"高财富净值家庭。其结果是财富不平等的加剧和较低的社会流动性。对资本性收入征税可以缓解这种财富不平等的形成。

居民财富分布对整个宏观经济的稳定具有重要影响，关系到国民经济的持续健康发展和社会的和谐平衡。前人对居民家庭财富不平等的研究集中于劳动收入、财富继承和储蓄三个方面。而随着金融市场的迅速发展和居民参与金融市场门槛的降低，金融市场已经成为居民生活的重要部分，本书提出了一个新的命题，即居民的金融市场参与和财富分布之间存在动态作用。我们的研究发现，高财富居民的家庭更倾向于持有高收益的风险性金融资产、房产和自有生产性投资，财富越高的家庭资产组合越复杂；家庭的投资组合收益随着财富的增加而上升，从而导致高财富家庭有更大的机会从资本市场上获得收入，而低财富家庭则相对亏损。控制其他影响财富的因素后我们发现，资产投资组合的差异导致了社会财富不平等程度的加剧，同时使得社会财富阶层间的流动性处于较低的水平。

事实上，改革开放以来，在中国经济持续快速增长、金融市场迅速发展的同时，有两个事实需要引起研究者的重视。第一，我国居民家庭的资产组合仍呈现出以储蓄为主、风险资产占比低的特征，很多居民没有享受资本市场发展带来的好处，财产性收入比例较低；第二，居民财富差距日益拉大的问题逐步凸显，甚至有研究表明，中国的金融发展非但没有缩小城乡居民收入差距，反而拉大了这种差距（叶志强等，2011）。党的十八大报告提出，在全面建设小康社会的前进道路上还有不少困难和问题，突出表现为发展中不平衡、不协调、不可持续的问题；要千方百计增加居民收入，深化收入分配制度改革，实现发展成果由人民共享。如果居民家庭的金融市场参与对居民的财富分布存在影响，那么我们有理由相信，完善金融市场，降低居民的参与成本，推广金融投资者交易，加强投资者保护，可以从金融角度改善居民财富差距过大的局面，使得金融市场真正起到分享社会进步成果，为"民生"服务的作用。

本书的结论还对目前正在讨论的征收财产税有一定的意义。如果对居民家庭的财产征税，那些在生命周期较早阶段积极进行财富积累从而获得较高财产性收入的家庭需要缴纳较高的财产税，相当于对"成功"的资产配置的惩罚性税收，因此这些政策将对投资者有显著的激励效应，减少居民储蓄而刺激消费。此外，我们的研究表明，高财富家庭更愿意减少在无风险金融资产中的资产配置比例，转而投资有风险的金融市场、房地产市场或自有企业，这表明财富越高的家庭资产组合的风险越高。家庭为了对冲这些风险，需要增加储蓄，积累相对于持久收入更多的资产进行自我保险，这一机制可能导致财富分布更大的差距，未来的研究可以围绕这个观点展开。

参考文献

［1］陈学彬，傅东升，葛成杰．我国居民个人生命周期消费投资行为动态优化模拟研究［J］．金融研究，2006（2）：21－35.

［2］陈彦斌．中国城乡财富分布的比较分析［J］．金融研究，2008（12）．

［3］陈彦斌，霍震，陈军．灾难风险与中国城镇居民财产分布［J］．经济研究，2009（11）：144－158.

［4］陈彦斌，邱哲圣，李方星．宏观经济学新发展：Bewley 模型［J］．经济研究，2010（7）：141－151.

［5］陈彦斌，邱哲圣．高房价如何影响居民储蓄率和财产不平等［J］．经济研究，2011（10）．

［6］陈彦斌，徐绪松．财富偏好、习惯形成与股票溢价之谜［J］．统计与决策，2005（24）：95－97.

［7］陈志武．让证券市场孕育中产阶级［J］．新财富，2003（8）．

［8］龚刚，杨光．从功能性收入看中国收入分配的不平等［J］．中国社会科学，2010（2）：54－68＋221.

［9］国家统计局城市司广东调查总队课题组，程学斌，陈铭津．城镇居民家庭财产性收入研究［J］．统计研究，2009（1）：11－19.

［10］何兴强，史卫，周开国．背景风险与居民风险金融资产投资［J］．经济研究，2009（12）：119－130.

［11］贾康，孟艳．我国居民财产分布差距扩大的分析与政策建议［J］．经济社会体制比较，2011（4）．

［12］梁运文，霍震，刘凯．中国城乡居民财产分布的实证研究［J］．经济研究，2010（10）．

［13］李实，魏众，B. 古斯塔夫森．中国城镇居民的财产分配［J］．经济研究，2000（3）．

［14］李实，魏众，丁赛．中国居民财产分布不均等及其原因的经验分析［J］．经济研究，2005（6）．

［15］李涛．社会互动、信任和股市参与［J］．经济研究，2006（1）：34－45.

［16］李涛，郭杰．风险态度与股票投资［J］．经济研究，2009（2）：56－67.

［17］李冬昕，李心丹，肖斌卿．投资者经验、强化型学习与证券市场稳定［J］．南京社会科学，2011（1）．

［18］刘波，曾勇，唐小我．中国股票市场羊群效应的实证研究［J］．运筹与管理，2004（1）．

［19］马莉莉，李泉．中国投资者的风险偏好［J］．统计研究，2011（8）：63－72.

［20］史代敏，宋艳．居民家庭金融资产选择的实证研究［J］．统计研究，2005（10）：43－49.

［21］唐寿宁．居民消费结构影响家庭节约［D］．经济日报，2006－6－14.

［22］吴卫星，汪勇祥．基于搜寻的有限参与、事件风险与流动性溢价［J］．经济研究，2004（8）：85－93.

［23］吴卫星，汪勇祥，梁衡义．过度自信、有限参与和资产价格泡沫［J］．经济研究，2006（4）：115－127.

［24］吴卫星，齐天翔．流动性、生命周期与投资组合相异性［J］．经济

研究，2007（2）：97－110.

　　[25] 吴卫星，易尽然，郑建明. 中国居民家庭投资结构——基于生命周期、财富和住房的实证分析 [J]. 经济研究，2010（增1）：72－82.

　　[26] 吴卫星，付晓敏. 信心比黄金更重要——关于投资者不确定性感受和资产价格的理论分析 [J]. 经济研究，2011（12）：32－44.

　　[27] 吴卫星，荣苹果，徐芊. 健康与家庭资产选择 [J]. 经济研究，2011（增1）：43－54.

　　[28] 吴卫星，徐芊，王宫. 能力效应与金融市场参与——基于家庭微观调查数据的分析 [J]. 财经理论与实践（第33卷），2012（178）：31－35.

　　[29] 吴卫星，丘艳春，张琳琬. 中国居民家庭投资组合有效性：基于夏普率的研究 [J]. 世界经济，2015（1）：154－172.

　　[30] 吴卫星，张琳琬. 家庭收入结构与财富分布：基于中国居民家庭微观调查的实证分析 [J]. 东北师大学报（哲学社会科学版），2015（1）：62－69.

　　[31] 吴晓明，吴栋. 我国城镇居民平均消费倾向与收入分配状况的实证研究 [J]. 数量经济技术研究，2007（5）.

　　[32] 王磊，赵婧，李婕瑜，孔东民. 信息不确定、坏消息与投资者交易行为 [J]. 投资研究，2011（10）.

　　[33] 王虎，周耿，陈峥嵘. 股票市场财富效应与消费支出研究 [N]. 证券市场导报，2009－11－24，48－57.

　　[34] 王晟，蔡明超. 中国居民风险厌恶系数测定及影响因素分析——基于中国居民投资行为数据的实证研究 [J]. 金融研究，2011（8）：192－206.

　　[35] 汪昌云. 努力增加人民财产性收入 [J]. 北京观察，2008（6）.

　　[36] 肖争艳，刘凯. 中国城镇家庭财产水平研究——基于行为的视角 [J]. 经济研究，2012（4）：28－39.

　　[37] 西南财经大学中国家庭金融调查与研究中心. 中国家庭金融调查报告 [R].，2012.

［38］谢识予，孙碧波，朱弘鑫，筒井义郎，秦劼和万军民．两次风险态度实验研究及其比较分析［J］．金融研究，2007（11）：57－66．

［39］叶志强，陈习定，张顺明．金融发展能减少城乡收入差距吗？——来自中国的证据［J］．金融研究，2011（2）．

［40］赵人伟，李实，丁赛．中国居民财产分布研究［N］．中国经济时报，2005－04－25．

［41］赵人伟．我国居民收入分配和财产分布问题分析［J］．当代财经，2007（7）．

［42］周铭山，孙磊，刘玉珍．社会互动、相对财富关注及股市参与［J］．金融研究，2011（2）．

［43］张大勇，田秋生．利率政策对股市个人投资者行为影响的实证检验［J］．哈尔滨工业大学学报（社会科学版），2005（6）：84－87．

［44］朱世武，徐龙炳．我国居民平均消费水平的实证分析［J］．财经研究，1998（10）：52－58．

［45］Abel, A. (2001) . The Effects of Investing Social Security Funds in the Stock Market when Fixed Costs Prevent Some Households from Holding Stocks, American Economic Review, 91, 128－148.

［46］Aiyagari, S. (1994) . Uninsured Idiosyncratic Risk and Aggregate Saving, Quarterly Journal of Economics, 109 (3), 659－684.

［47］Allen, F., and Gale, D. (1994) . Limited Market Participation and Volatility of Asset Prices, The American Economic Review, 1, 933－955.

［48］Ameriks, J. and Zeldes, S. (2004) . How Do Household Portfolio Shares Vary with Age? TIAA－CREF Working Paper.

［49］Ando, A., and Modigliani, F. (1963) . The "Life Cycle" Hypothesis of Saving: Aggregate Implications and Tests. The American Economic Review, 53 (1), 55－84.

［50］Arrow, K. J.　(1965) . Aspects of the Theory of Risk－bearing.

Yrjö Jahnssonin Säätiö.

[51] Arrow, K. J. (1970). Essays in the Theory of Risk – bearing. North Holland.

[52] Attanasio, O., Banks, J., and Tanner, S. (1998). Asset Holding and Consumption Volatility. NBER Working Paper, No. w6567.

[53] Baptista, A. (2008). Optimal Delegated Portfolio Management with Background Risk, Journal of Banking and Finance, 32, 977 – 985.

[54] Bardhan, P., Bowles, S., and Gintis, H. (2000). Wealth Inequality, Wealth Constraints and economic performance, In B. A. Anthony & B. François (Eds.), Handbook of Income Distribution, Vol. 1, 541 – 603.

[55] Basak, S. and Cuoco, D. (1998). An Equilibrium Model with Restricted Stock Market Participation, Review of Financial Studies, 11, 309 – 341.

[56] Benjamin, D., Brown, S., and Shapiro. (2006). Who is "Behavioral"? Cognitive Ability and Anomalous Preferences, Working Paper, Harvard University and University of Chicago.

[57] Bernheim, B. and Garrett, D. (2003). The Effects of Financial Education in the Workplace: Evidence from a Survey of Households, Journal of Public Economics, 87, 1487 – 1519.

[58] Bertaut, C. (1998). Stockholding Behavior of US Households: Evidence from the 1983 – 1989 Survey of Consumer Finances, Review of Economics and Statistics, 263 – 275.

[59] Bertaut, C., and Starr – McCluer, M. (2000). Household Portfolios in the United States, in Luigi Guiso, Michael Haliassos, and TullioJappelli, eds: Household Portfolios. MIT Press, Cambridge, MA.

[60] Bewley, T. (1977). The Permanent Income Hypothesis: A Theoretical Formulation, Journal of Economic Theory, 16, 252 – 292.

[61] Bewley, T. (1983). A Difficulty with the Optimum Quantity of Mon-

ey, Econometrica, 51, 1485 – 1504.

[62] Blume, M. , Crockett, J. and Friend, I. (1974) . Stock Ownership in the United States: Characteristics and Trends, Survey of Current Business, 54 (11), 16 – 40.

[63] Blume, M. , and Friend, I. (1975) . The Asset Structure of Individual Portfolios and Some Implications for Utility Functions, Journal of Finance, 30 (2), 585 – 603.

[64] Bossone, B. (1999) . The Role of Trust in Financial Sector Development, World Bank Policy Research Working Paper, No. 2200.

[65] Brandolini, A. , Cannari, L. , D'Alessio, G. , and Faiella, I. (2004) Household Wealth Distribution in Italy in the 1990s, in Edward N. Wolff eds. : International Perspectives on Household Wealth, Edward Elgar Publishing.

[66] Brav, A. , Constantinides, G. , and Geczy, C. (2002) . Asset Pricing with Heterogeneous Consumers and Limited Participation: Empirical Evidence, Journal of Political Economy, 10 (4), 793 – 824.

[67] Brennan, M. (1975) . The Optimal Number of Securities in a Risky Asset Portfolio When There Are Fixed Costs of Transacting: Theory and Some Empirical Results, Journal of Financial and Quantitative Analysis, 10 (3), 483 – 496.

[68] Cagetti, M. , and De Nardi, M. (2006) . Entrepreneurship, Frictions, and Wealth. Journal of Political Economy, 114 (5), 835 – 870.

[69] Cagetti, M. , and De Nardi, M. (2008) . Wealth Inequality Data and Models, Macroeconomic Dynamics, 12 (Supplement 2), 285 – 313.

[70] Calvet, L. , Campbell, J. , and Sodini, P. (2006) . Down or Out: Assessing the Welfare Costs of Household Investment Mistakes, NBER Working Paper, No. 12030.

[71] Campanale, C. (2007) . Increasing Returns to Savings and Wealth Inequality, Review of Economic Dynamics, 10 (4), 646 – 675.

[72] Campbell, J. , Cocco, J. , Gomes, F. , and Maenhout, P. (1999) . Investing Retirement Wealth: A Life – Cycle Model, Working Paper, Harvard University.

[73] Campbell, J. Y. (2006) . Household finance. The Journal of Finance, 61 (4), 1553 – 1604.

[74] Cao, H. , Wang, T. , and Zhang, H. (2005) . Model Uncertainty, Limited Market Participation and Asset Prices, Review of Financial Studies, 18, 1219 – 1251.

[75] Cardak, B. , and Wilkins, R. (2009) . The Determinants of Household Risky Asset Holdings: Australian Evidence on Background Risk and other Factors, Journal of Banking and Finance, 33, 850 – 860.

[76] Carroll, C. (2002) . Portfolios of the Rich, in Luigi Guiso, Michael Haliassos, and Tullio Jappelli, eds. : Household Portfolios, MIT Press, Cambridge, MA.

[77] Carroll, C. D. , and Kimball, M. S. (1996) . On the Concavity of the Consumption Function, Econometrica: Journal of the Econometric Society, 981 – 992.

[78] Castaneda, A. , Díaz – Giménez, J. , and Ríos – Rull, J. (2003) . Accounting for the U . S. Earnings and Wealth Inequality, Journal of Political Economy, 111 (4), 818 – 857.

[79] Chernozhukov, V. , and Hansen, C. (2004) . The Effects of 401 (k) Participation on Wealth Distribution: An Instrumental Quantile Regression Analysis, The Review of Economics and Statistics, 86 (3), 735 – 751.

[80] Chien Y. , and Lustig, H. (2010) . The Market Price of Aggregate Risk and the Wealth Distribution, Review of Financial Studies, 23 (4), 1596 – 1650.

[81] Cohn, R. , Lewellen, W. , Lease, R, and Schlarbaum, G. (1975) .

Individual Investor Risk Aversion and Investment Portfolio Composition, Journal of Finance, 30 (2), 605 – 620.

[82] Cooper, I. and Kaplanis, E. (1994). Home Bias in Equity Portfolios, Inflation Hedging and International Capital Market Equilibrium, Review of Financial Studies, 7, 45 – 60.

[83] Curcuru, S., Heaton, J., Lucas, D. and Moore, D., (2009). Heterogeneity and Portfolio Choice: Theory and Evidence, Handbook of Financial Econometrics, Vol 1: Tools and Techniques, 1 – 337.

[84] Davies, J. B., Sandstrom, S., Shorrocks, A., and Wolff, E. (2008). The World Distribution of Household Wealth, UNU – WIDER Working Paper.

[85] De Nardi, M. (2004). Wealth Inequality and Intergenerational Links, The Review of Economic Studies, 71 (3), 743 – 768.

[86] Demsetz, H. (1972). Wealth Distribution and the Ownership of Rights, The Journal of Legal Studies, 1 (2), 223 – 232.

[87] Diamond, P. (1965). National Debt in a Neoclassical Growth Model, The American Economic Review, 55 (5), 1126 – 1150.

[88] Díaz, A., Pijoan – Mas, J., and Ríos – Rull, J. (2003). Precautionary Savings and Wealth Distribution under Habit Formation Preferences. Working Paper.

[89] Domhoff, G. (1970). The Higher Circles, New York, Random House.

[90] Domhoff, G. (1990). The Power Elite and the State: How Policy is Made in America. New York, Aldine de Gruvter.

[91] Duflo, E. and Saez, E. (2002). Participation and Investment Decisions in a Retirement Plan: The Influence of Colleagues' Choices, Journal of Public Economics, 85, 121 – 148.

［92］ Dynan, K. E. , and Maki, D. （2002）. Does Stock Market Wealth Matter for Consumption?. SSRN Working Paper Series.

［93］ Fama, E. and French, K. （2002）. The Equity Premium, Journal of Finance, 57, 637 – 659.

［94］ Fan, E. , and Zhao, R. （2009）. Health Status and Portfolio Choice: Causality or Heterogeneity? Journal of Banking and Finance, 33, 1079 – 1088.

［95］ Fang, H. , Gu, Q. , Xiong, W. , and Zhou, L. A. （2015）. Demystifying the Chinese housing boom. In NBER Macroeconomics Annual 2015, Volume 30. University of Chicago Press.

［96］ Favilukis, J. （2013）. Inequality, stock market participation, and the equity premium. Journal of Financial Economics, 107 （3）, 740 – 759.

［97］ Fisher, I. （1930）. The Theory of Interest. Macmillan, New York.

［98］ French, K. and Poterba, J. （1991）. Investor Diversification and International Equity Markets, American Economic Review, 81, 222 – 226.

［99］ Friend, I. , and Blume, M. E. （1975）. The Demand for Risky Assets, The American Economic Review, 900 – 922.

［100］ Ghiglino, C. , and Venditti, A. （2011）. Wealth Distribution and Output Fluctuations, Journal of Economic Theory, 146 （6）, 2478 – 2509.

［101］ Gollier, G. （2001）. Wealth Inequality and Asset Pricing, The Review of Economics Studies, 68 （1）, 181 – 203.

［102］ Gollier, C. , and Pratt, J. （1996）. Risk Vulnerability and the Tempering Effect of Background Risk, Econometrica: Journal of the Econometric Society, 1109 – 1123.

［103］ Gordon, M. , Paradis, G. , and Rorke, C. （1972）. Experimental Evidence on Alternative Portfolio Decision Rules, American Economic Review, 62, 107 – 118.

［104］ Graham, J. , Harvey, C. and Huang, H. （2009）. Investor Competence, Trading Frequency, and Home Bias, NBER Working Paper, No. 11426.

[105] Gruber, J. , and Martin, R. (2003) . Precautionary Savings and the Wealth Distribution with Illiquid Durables, FRB International Finance Discussion Paper.

[106] Guiso L, Jappelli T, and Terlizzese D. (1996) Income Risk, Borrowing Constraints, and Portfolio Choice, The American Economic Review, 86 (1), 158 – 172.

[107] Guiso, L. , and Jappelli, T. (2000) . Household Portfolios in Italy, in Luigi Guiso, Michael Haliassos, and TullioJappelli, eds. : Household Portfolios. MIT Press, Cambridge, MA.

[108] Guiso, L. , and Paiella, M. (2008) . Risk Aversion, Wealth, and Background Risk, Journal of the European Economic Association, 6 (6), 1109 – 1150.

[109] Guiso, L. , Sapienza, P. , and Zingales, L. (2004) . The Role of Social Capital in Financial Development, American Economic Review, 94, 526 – 556.

[110] Guiso, L. , Sapienza, P. , and Zingales, L. (2008) . Trusting the Stock Market, The Journal of Finance, 63 (6), 2557 – 2600.

[111] Guvenen, F. (2006) . Reconciling Conflicting Evidence on the Elasticity of Intertemporal Substitution: A Macroeconomic Perspective, Journal of Monetary Economics, 53, 1451 – 1472.

[112] Haliassos, M. and Bertaut, C. (1995) . Why Do So Few Hold Stocks? The Economic Journal, 105 (432), 1110 – 1129.

[113] Heath, C. , and Tversky, A. (1991) . Preference and Belief: Ambiguity and Competence in Choice under Uncertainty, Journal of Risk and Uncertainty, 4, 5 – 28.

[114] Heaton, J. , and Lucas, D. (2000) . Portfolio choice in the presence of background risk. The Economic Journal, 110 (460), 1 – 26.

[115] Heaton, J., and Lucas, D. (2000). Portfolio Choice and Asset Prices: The Importance of Entrepreneurial Risk, The Journal of Finance, 55 (3), 1163 – 1198.

[116] Henretta, J., and Campbell, R. (1978). Net Worth as an Aspect of Status, American Journal of Sociology, 83, 1024 – 1223.

[117] Hirshleifer, D. (1988). Residual Risk, Trading Costs and Commodity Futures Risk Premia, Review of Financial Studies, 1 (2), 173 – 193.

[118] Hong, H, Jeffrey, D. and Jeremy, C. (2004). Social Interaction and Stock Market Participaion, Journal of Finance, 59 (1), 137 – 136.

[119] Huggett, M. (1996). Wealth Distribution in Life – cycle Economies. Journal of Monetary Economics, 38 (3), 469 – 494.

[120] Hurst, E., and Lusardi, A. (2004). Liquidity Constraints, Household Wealth, and Entrepreneurship, Journal of Political Economy, 112 (2), 319 – 347.

[121] Keister, L., and Moller, S. (2000). Wealth Inequality in the United States, Annual Review of Sociology, 26, 63 – 81.

[122] Kimball, M., and Weil, P., (2009). Precautionary Saving and Consumption Smoothing across Time and Possibilities, Journal of Money, Credit and Banking, 41 (2 – 3), 245 – 284.

[123] King, M. A., and Leape, J. I. (1998). Wealth and Portfolio Composition: Theory and Evidence. Journal of Public Economics, 69 (2), 155 – 193.

[124] Krivo, L., and Kaufman, R. (2004). Housing and Wealth Inequality Racial – ethnic Differences in Home Equity in the United States, Demography, 41 (3), 585 – 605.

[125] Krusell, P. and Smith, A. (1998). Income and Wealth Heterogeneity in the Macroeconomics, Journal of Political Economy, 106 (5), 867 – 896.

[126] Luttmer, E. (1996). Asset Pricing in Economiew with Frictions,

Econometrica, 64, 1439 – 1467.

[127] Madrian, B. and Shea, D. (2000). Peer Effects and Savings Behavior in Employer – Sponsored Savings Plans, Working Paper, University of Chicago.

[128] Mankiw, N. and Zeldes, S. (1991). The Consumption of Stockholders and Nonstockholders, Journal of Financial Economics, 29 (1), 97 – 112.

[129] Markowitz, H. (1952). Portfolio Selection, Journal of Finance, 7 (1), 77 – 91.

[130] Mayers, D. (1973). Nonmarketable Asset and the Determination of Capital Asset Prices in the Absence of Riskless Asset, Journal of Business, 46 (2), 258 – 267.

[131] Meh, C. (2005). Entrepreneurship, Wealth Inequality, and Taxation, Review of Economic Dynamics, 8, 688 – 719.

[132] Mehra, R. and Prescott, E. (1985). The Equity Premium: A Puzzle, Journal of Monetary Economics, 15, 145 – 161.

[133] Menchik, P. (1980). Primogeniture, Equal Sharing, and the U. S. Distribution of Wealth, The Quarterly Journal of Economics, 94 (2), 299 – 316.

[134] Meng, X. (2007). Wealth Accumulation and Distribution in Urban China, Economic Development and Culture Change, 55 (4), 761 – 791.

[135] Merton, R. C. (1969). Lifetime Portfolio Selection under Uncertainty: The Continuous – Time Case, Review of Economics and Statistics, 51, 247 – 257.

[136] Merton, R. C. (1971). Optimum Consumption and Portfolio Rules in a Continuous – Time Model, Journal of Economic Theory, 3, 373 – 413.

[137] Merton, R. C. (1987). A Simple Model of Capital Market Equilibrium with Incomplete Information, Journal of Finance, 42 (3), 483 – 510.

[138] Mitchell, O. and Utkus, S. (2003). The Role of Company Stock in Defined Contribution Plans, in Olivia Mitchell and Kent Smetters, eds.: The Pen-

sion Challenge: Risk Transfers and Retirement Income Security. Oxford University Press, Oxford.

[139] Odean, T. (1999) . Do Investors Trade Too Much? American Economic Review, 89, 1279 – 1298.

[140] Oliver, M. , and Shapiro, T. (1995) . Black Wealth or White Wealth, New York, Routledge.

[141] Peress, J. (2004) . Wealth, Information Acquisition and Portfolio Choice, The Review of Financial Studies, 17 (3), 880 – 914.

[142] Piketty, T. (2014) . Capital in the 21st Century. Harvard University Press.

[143] Polkovnichenko, V. (2004) . Limited Stock Market Participation and the Equity Premium, Finance Research Letters, 1, 24 – 34.

[144] Polkovnichenko, V. (2005) . Household Portfolio Diversification: A case for Rank – dependent Preferences, Review of Financial Studies, 18 (4), 1467 – 1502.

[145] Poterba, J. , and Samwick, A. (1995) . Stock Ownership Patterns, Stock Market Fluctuations, and Consumption, Brookings Papers on Economic Activity, 2, 295 – 357.

[146] Poterba, J. , and Samwick, A. (2003) . Taxation and Household Portfolio Composition: Evidence from Tax Reforms in the 1980s and 1900s, Journal of Public Economics, 87, 5 – 39.

[147] Quadrini, V. (2000) . Entrepreneurship, Saving, and Social Mobility, Review of Economic Dynamics, 3 (1), 1 – 40.

[148] Rosen, H. . and Wu, S. (2004) . Portfolio Choice and Health Status, Journal of Financial Economics, 72, 457 – 484.

[149] Samuelson, P. A. (1969) . Lifetime Portfolio Selection by Dynamic Stochastic Programming, Review of Economics and Stotistics, 51 (3), 239 – 246.

[150] Scholz, J., and Levine, K. (2003) . U. S. Black – White Wealth Inequality: A Survey, University of Wisconsin – Madison Working Paper.

[151] Shiller, R. and Pound, J. (1989) . Survey Evidence on Diffusion of Interest and Information among Investors, Journal of Economic Behavior and Organization, 12, 47 – 66.

[152] Shiller, R. (2003) . The New Financial Order: Risk in the 21st Century, Princeton University Press, Princeton, NJ.

[153] Shiller, R. J. (2012) . Finance and the Good Society. Princeton University Press.

[154] Sierminska, E., Brandolini, A., and Smeeding, T. (2006) . Comparing Wealth Distribution Across Rich Countries: First Results from the Luxembourg Wealth Study, Working Paper.

[155] Smith, J. (2001) . Why is Wealth Inequality Rising? in Finis Welch eds. : The Causes and Consequences of Increasing Inequality, University of Chicago Press.

[156] Tracy, J., Schneider, H., and Chan, S. (1999) . Are Stocks Overtaking Real Estate in Household Portfolios? Federal Reserve Bank of New York Current Issues in Economics and Finance, 5 (5), 1 – 6.

[157] Venti, S. F., & Wise, D. A. (2001) . Choice, Chance, and Wealth Dispersion at Retirement Aging Issues in the United States and Japan (pp. 25 – 64): University of Chicago Press.

[158] Vissing – Jorgensen, A. (2002) . Towards an Explanation of Household Portfolio Choice Heterogeneity: Nonfinancial Income and Participation Cost Structures, NBER Working Paper, No. 8884.

[159] Wachter, J., and Yogo, M. (2010) . Why Do Household Portfolio Shares Rise in Wealth? Review of Financial Studies, 23 (11), 3929 – 3965.

[160] Wolff, E. (2004) . Changes in Household Wealth in the 1980s and

1990s in the U. S. , in Edward N. Wolff eds. , International Perspectives on House-hold Wealth, Elgar Publishing Ltd.

[161] Yunker, J. , and Melkumian, A. (2010) . The Effect of Capital Wealth on Optimal Diversification: Evidence from the Survey of Consumer Finances, The Quarterly Review of Economics and Finance, 50 (1) , 90 – 98.